ショッピングモールの法哲学

市場、共同体、そして徳

谷口功一
Koichi Taniguchi

白水社

ショッピングモールの法哲学——市場、共同体、そして徳

ショッピングモールの法哲学＊目次

Ⅱ　「公共性」概念の哲学的基礎　99

装幀＝小林剛　組版＝鈴木さゆみ

序章　国家と故郷のあわい／断片(1)

a　一七九八

こうして私は一巡する／生の弧線を／そして戻る／私の由来する源へ(2)

b　一九四一

出張からの帰途などの折々、東京駅八重洲中央口からタクシーに乗車しようと屋根つきの乗り合い場で待っていると、全く以て沙汰の限りではあるのだが、毎度のことながら私の脳裏には、ゆくりなくも宮澤喜一の名前が浮かぶ。ロータリーを流れて来る車列の向こう側、背の高いビルの間にひっそりと佇むホテル「ハイマート」の古びた看板が目に入って来るからだ。

戦後保守リベラルの本流、宏池会を宰領した宮澤について、確か高校生の頃に読んだ雑文の類だったと思うが、次のようなことが書いてあったと朧ろに記憶している。すなわち、宮澤は東京帝国大学を卒業するに際し、高等文官試験の行政科と外交科のいずれにも合格したものの、当時そのいずれに進むかで心を悩ませていた。進路に悩む青年・宮澤は、ある日、省線の有楽町駅から日劇に照り返る夕陽を目にするや、卒然、「ここが僕のHeimatだ!」と心を決し、海外を渉り歩く外交官ではなくして内国大蔵官僚となることを決めた、というのである。[3] いかにも宮澤らしい話ではあるが。

それから、ほぼ半世紀の後、所謂「中曽根裁定」の他方当事者であった竹下登は、第百十一国会の参院委員会の席上、自らが提唱した「ふるさと創生論」をめぐって、そこで言う「ふるさと」は英語ではどう訳されるのかと質され、内閣総理大臣として次のように、やはり、彼もまた彼らしく〈言語明瞭意味不明〉に応えている。[4]

> 確かに、私どもが子供のころ習いました英語で言えば、あるいはネイティブプレースというようなことなのかな。……私自身はドイツ語のハイマートがいいんじゃないかと最初は思っておりましたけれども、語学力の乏しい私で、断定するわけにもまいりませんが、諸般のことから、可能なことならば、ふるさとという言葉自体が、かつての全学連とかあるいは行政指導とかというふうなものと同じように扱われるようになればまた一つの喜びかな、こんな感じでございます。[5]

上記「裁定」の、いま一人の当事者は途半ばにして病に斃れたが、その息子は父の朋輩たちと同じく、そして父とは対照的に若くして宰相にまで登り詰めた。彼にあっては、前二者において都鄙を問わずも択ぶところなく「ふるさと」へと向けられた想念は、一挙に『美しい国へ』と馳せるに至ったのではあるが、それはそれでまた一個の、脈絡を別にした後日譚でもある。[6]

c　一九四三

『ヘルダーリンの詩作の解明』[7]におけるハイデガーの〈読み〉は、ひとをして不安と息苦しさの裡へと陥れる。ハイデガー自身によるなら、この「解明」は「想いを向ける、やむにやまれぬところから発するもの」であるが、その〈やむにやまれなさ〉は、異常な気配をも帯びている。「解明」の対象とされるのは、ヘルダーリンの詩「帰郷（Heimkunft）」であり、そこで直截の問題とされているのは端的に「故郷（Heimath）」の概念である。

「解明」の俎上に載せられるヘルダーリンの詩は、その題名の指し示す通り、「故郷」への帰還を詠ったものだが、しかし、そこでの「故郷」への到着は「気配りなしに到着する人が抱く嬉しさを何一つ表に出していない」ものである。ハイデガーの言葉を借りるなら、詩人ヘルダーリンが故郷で目にしたのは、「アルプスの山並みのなかで、丘は恐ろしいほど静かに自らを超えて高まり、ついには最高のものに到達する」光景であり、そこで「詩句の山並み自体」は「無媒介に」聳え立つこととなる。この詩の全編において描出される風景は、極度の静謐の中にただならぬ不穏（unheimlich）な調子さえ秘めている。

帰郷者は、「故郷」に到着しても、真の到着へとは至らない。そのことは、ハイデガーが「解明」の中で、息詰まる程にも執拗に繰り返す次の引用箇所から窺い知られる。すなわち、「君が探しているもの、それは近くにあり、もう、君に出会っている」と。

現存在（Dasein）は、存在者（Seiendes）としての「故郷」へと物理的に到達することはできても、存在（Sein）としての「故郷」へと帰還することは叶わない。このような存在論的差異の《あわい》へと落ち込んだ「故郷喪失（Heimatlosigkeit）」の状態において、ひとは「存在／根源への近さ」を喪うこととなる。ハイデガーにおける、かかる喪失の克服は、「故郷」の概念を「存在史」的に改鋳した形で、近代批判の矛先となって顕現するとされているが、彼の杣径《そまみち》（Holzwege）の道行きの先にあった／あるものは、さし当たってここでの主要な関心の対象ではない。

d　一九七一／一九八二

「故郷」は、恐らく「共同体（Community）」の原型（Archetype）をなすものだろう。しかるに、現代のアメリカ合衆国[8]において、それは「明るみ（Lichtung）」[9]などといった仄めかしを通じた迂遠なものではあり得ず、あけっぴろげな「私たちの場所（A Place for Us）」[10]といった形で観念されもする。二十世紀の正義論的転回以降の現代法哲学において、リベラリズム批判の急先鋒をなした「共同体論（Communitarianism）」は、リベラルの「自由」に対抗する形で、政治共同体における根源的価値の在り処としての「共同体」概念を宣揚する。

そこでの「共同体」への志向性には、「歴史」に重きを置いた認識論／存在論的ベクトルからするものと、「参加」に重きを置いた行為論／関係論的ベクトルからするものと、二つの契機が混在している。アメリカ合衆国において、それらは極めて偶有的（contingent）な条件のもと、結合する。すなわち、そこでは「参加」こそが「歴史」の古層をなすものとして観念されるのであり、デモクラシーと共同体の歴史は幸福な結婚を果たすのである。

e　一八五五

おれはおれを祝福し、おれのことを歌う。／そしておれがこうだと思うことを、おまえにもそう思わせてやる。／おれの優れた原子ひとつひとつが、おまえにもそなわっているからだ。[11]

毫も疑いを差し挟ませぬ祖国、「アメリカの歌声が聴こえる」彼においては、「存在」に対する不安など、微塵も存在しない。なぜなら、彼自身がアメリカの「原型」なのだから。

f　一九二〇

底抜けに陽性であるばかりではないという点で、アメリカ人のためにも弁明を申し添えておくならば、彼らの心底にも、そこはかとない陰影は存在し、それは、ハリー・シンクレア・ルイスの長編小説『本町通り（*Main Street*）』において看取される。[12]

アメリカ合衆国初のノーベル文学賞受賞作家であるルイスは、彼女自身の郷里をモデルにした架空の町、ミネソタ州ゴーファー・プレアリィを舞台とする右作品において、田舎町の醜悪さと、そのように田舎町を醜悪と思いなす亜インテリ自身の醜悪さを綿々と綴っている。[13]
物語は、イェール大学に進学し、都市の「自由」な空気に触れたがために、田舎の退嬰的な空気を耐え難くも疎ましいものと感じるようになった、亜インテリ女性であるところのキャロル・ケニコットを主人公として語られてゆく。主人公キャロルは、邦訳で上・中・下巻、総計一千頁になんなんとする長大な物語作中において、一方で田舎町の偏狭な独善性に対する反撥心を強めてゆきながらも、他方ではそのような田舎町に受け容れて欲しいという想いも募らせ、「田舎」への愛憎入り混じった心持ちを抱きつつ、転変してゆくこととなる。

g　一九一〇／一九三一

かように愛憎半ばする対象としての「ふるさと」は、「遠くにありて思ふもの」[14]と発句されるからして、卒読、「誰か故郷を思はざる」と承けるものかと思わせるものの、実際のところ、それは「帰るところにあるまじや」と切り棄てられもする。厭わしくも懐かしい故郷への思いは、「訛なつかし停車場」[15]から「酔うと卑しいお国言葉をわざと使う」[16]に至るまで、枚挙にいとまなく近代を文彩している。

h　一九四五／一九六一

政治学者・神島二郎は、近代日本において「もはや帰住は許されないが、つよい愛着」の対象とされる「ふるさと」を、自然村たる《第一のムラ》からは区別されるものとして《第二のムラ》と呼ぶ。《第二のムラ》の出身者は、《第一のムラ》の秩序意識を身に纏った出郷者（長州閥）や学校出（東大閥）のことを指し、彼らが《第二のムラ》を作る。ここにおいて、「自然村的秩序」は、《第二のムラ》出身者によって「社会」に持ちこまれることとなるのである。それは往事において「藩校・塾・組」に見られた各様の特徴を、それぞれ「文武官僚・企業・組合」の中に対応させる形で定着させ、全社会階層の性格をも規定して行ったのであった。

このような社会構造の中で建設された鄙の対抗物たる「近代都市」の性格を、神島は大要以下の三つに簡約されるものであると述べる。すなわち、「放縦としての自由」・「奢侈と乱費」・「不安定性」である。神島の言葉を借りるなら、「こうして都市は統合への一切の内在的契機を失うことになる」のであり、また、「だからこそ、現実の都市と同一視されるゲゼルシャフトの統合原理たるデモクラシーは「でも暗し」と言われたように、厭うべき存在とならざるをえなかった」のである。[17] かくて「天皇制イデオロギー」の下、超国家主義が成立するに至ったのであった。

i　一九五五／一九六八

一九五五年、日本民主党と自由党とに二分されていた保守陣営が合同を果たし、自由民主党が誕生した。この五五年体制（升味準之輔）下においては、自民党一極支配の下、経済成長を推し進めながら、その成長の果実を経済発展から取り残される農村＝田舎へと均霑してゆくことによって、政治的支持を調達するシステムが彫琢されてゆくこととなる。そこにおいては、経済成長とともに平等化をも伸展させるという比較政治学的にも困難な課題が、世界史上にも稀な形で実現したのであった。[18]押しとどめがたい都市化との対抗関係に置かれる農村＝田舎は、如上の再分配による富の均霑をさらに超え、潤沢な果実を我が手にすることとなった。ふるさとの逆襲、そして、束の間の勝利。すなわち、ここにおいて、「トンネルを抜け」たところ、忽然と「夜の底が白くなった」[19]場所にも、干天の慈雨は遍く降り注ぐことになったのであった。田中角栄は、その著『日本列島改造論』の中、「明治百年は国土維新」と高らかに謳った上で次のように述べている。

私が日本列島改造に取組み、実現しようと願っているのは、失なわれ、破壊され、衰退しつつある日本人の〝郷里〟を全国的に再建し、私たちの社会に落着きとうるおいを取戻すためである。[20]

j　二〇〇九

住宅地が都市の外縁に向かって無計画・無秩序に広がってゆく所謂「スプロール化現象」の進展とともに、今日、「郊外」は急速に凋落しつつある。そこでは大規模床面積を擁する大型ショッピングモールが地域の小売商業圏を破壊し尽くし、あるいはさらに高い利益を求めて他の場所へと去ってゆく。かつて都市の近傍にしか、語義上も存在し得なかった「郊外」は、もはや全国津々浦々に満遍なく見出されるようになったのであり、個別の存在者（Seiendes）としての故郷は、消えつつある。

イオンとジャスコを結ぶロードサイドには、遍くアコム・武富士・プロミス・レイク・ブックオフ・TSUTAYA・マクドナルド・ジョナサン・デニーズ・ユニクロ・しまむら・洋服の青山・コジマ電気・ヤマダ電気が並ぶ。――そこでは、地域性などというものは徹底的に剝奪され、一の「強制的均質化(Gleichschaltung)」が達成されるに至るのである。

k　二〇〇八

例えば、大分県別府市では、大型商業施設の誘致の是非というシングル・イシューの下、二〇〇六年五月、市長が民意を問うため職を辞し、選挙を行った。結果、誘致推進派である市長は再選し、件のショッピングモールもまた、その地に屹立するに至ったのであった。ショッピングモール一つの如何をめぐる自治体首長選挙。その後の経緯は、新聞の報じるところに拠るなら、以下の通りである。

埋め立て地への進出是非をめぐり市長選が行われるなど、別府市を二分した論争を引き起こした大型商業施設「ゆめタウン別府」が二九日、開業一年を迎える。来店者数や売上高はやや苦戦気味。シネマコンプレックス（シネコン）を含む二期工事は不透明なままで、「中心市街地の活性化、回遊性向上の核の一つとして欠かせない」としている別府市の思惑通りにはなっていない。……売上高、来店者数とも目標を達成できず、厳しい経済環境もあり、追加投資に踏み切れていないイズミ。[21] 歩道橋やシネコンまで含めた出店で、中心市街地活性化に大きな期待を抱いた別府

市。双方とも「誤算」を抱えたまま、開業二年目を迎える。(22)

l　一七二六(23)

総ジテ国ノ治ト云ハ、譬ヘバ碁盤ノ目ヲ盛ルガ如シ。目ヲ盛ザル碁盤ニテハ、何程ノ上手ニテモ碁ハ打タレヌ也。洪水ヲ治ルニハ川筋ヲ付ル也。川筋ヲ付ザレバ、禹王再生シ玉フトモ、水ヲ治ルコトハ不叶也。(24)

徂徠先生が言うように、川筋を付けなければ、伝説の聖王・禹が再生したとしても治水は達せられない。自然の山河が我等人間に脅威を与えぬ「美しき天然」として鑑賞され得るためには、〈統治〉の歴史根源的基礎をなす治水灌漑（国土保全）が欠かすべからざるべきものとして遂行されねばならない。それと同様に、ふるさともまた国家なくしては、存在し得ないか。すなわち、「国破れて山河在り」ではなくして、「国家無かりせば、山河無し」。存在者としての故郷の「存在（Sein）」は、「国家」の謂か。

m　一九九六

もしも回帰という出来事が成立するなら、それは同一なるものの繰り返しであってはならない。

いかなる場合にも異なるもの、姿を変えたものの再来でなければならない。(25)

I

郊外の正義論

第一章　南大沢・ウォルマート・ゾンビ

一　屍民（Zombified）

二十世紀中葉以降、最も大きな成功を収めた文化的表象のひとつである「ゾンビ（Zombie）」は、ジョージ・ロメロ監督の手になる映画Living Dead（生ける屍）三部作を、その近代的母胎とするものである。[1]ここで言うゾンビとは、元来、ブードゥー教を起源としつつ、西インド諸島及びアメリカ南部諸州に流布した民間信仰の一種であるが、現在広く認知されている形態においては、屍が甦って活動を始め、主として生きた人間を襲い、それを殺戮・捕食するものを意味する。[2]また、ゾンビは、Living Dead、もしくはUndeadとも呼称され、特に後者はその含意（不死者）から、広義には所謂「吸血鬼（Vampire）」との牽連性をも有するものである。右トリロジーは、*Night of the Living Dead*（一九六八）、*Dawn of the Dead*（一九七八）、*Day of the Dead*（一九八五）の三作品[3]を指すものであるが、ロメロは、そのそれぞれに公開当時の政治・社会的状況を反映させた旨、インタビューの中で明らかにしている。[4]それによるなら、第一作の*Night*は、ベトナム反戦運動や公民権運動の挫折に象徴される六〇年代カウンターカルチャーの敗北を、第二作*Dawn*は、ショッピングモールに象徴される消費主義批判を、そして、第三作*Day*は、レーガン政権下における軍事費の増大とホームレスの爆発的増加という社会矛盾を、それぞれ当時の社会状況批判として描き出したものである。(5)

さて、このトリロジー中、特に第二作『ゾンビ(*Dawn*)』は、ゾンビ的文化表象の系譜に連なる作品群の中で、その白眉・金字塔をなすものであるが、内容においてそれは、近年我が国においても圧倒的な勢いをもって広がり続ける〝郊外〟型大規模ショッピングモールを舞台としたものであり、かかる舞台装置と物語モチーフは、もはや、その裾野/縁辺をも確定し難い程に膨大なヴァリエーションを産み出すに至っている。すでに触れたように、この第二作においては、生き残った人間たちが郊外の大型ショッピングモールに立て籠もり、そこへと押し寄せてくるゾンビの群れは、現代に至る所謂「消費社会」へのアンチテーゼとして描かれている。彼らは、生ける屍と化した後にも、生前最良の時、すなわち、「消費生活」を謳歌した場所へと無意識のうちに戻って来るというのである。

ポーツマス大学のスティーヴン・ハーパー博士(メディア学)によるなら、この作品の中で「消費主義(consumerism)」の視点から批判的に描出される対象には、モールへと押し寄せてくるゾンビたちだけでなく、そこに立て籠もる生き残った人間たち(human survivors)もが含まれるのである。すなわち、ゾンビたちが「ルンペンプロレタリアート」や「アンダークラス」のメタファーであるのと同様に、籠城するモールの中で様々なテナントの商品——すなわち、食料品・衣料から銃砲、そして銀行の紙幣に至るまでの多様なグッズに対して「物神崇拝(fetishism of commodity)」を露呈する主人公たちもまた、「ゾンビ化(Zombify)」した存在なのであり、そのことは、生き残りの人間の一人である主人公がゾンビ達を見て呟く「奴らは、俺達と一緒なんだ(They're us.)」という独白にも明白に表れている。ハーパーの筆致を借りるなら、*Dawn*は「一九七〇年代を通じて発展した消費志向のポスト・フォーディズム的社会の有する疎外効果へのモダニズム的批評」を遂行した作品とでも言えるのかもしれない。

*Dawn*作中に登場する舞台として使用されたペンシルバニア州ピッツバーグ郊外の「モンローヴィル・モール（Monroeville Mall）」は二〇一四年現在も営業中であるが、その業態は合衆国において地域コミュニティ荒廃の正犯として真っ向から名指しを受ける形で、激烈な批判の的とされたウォルマートと、ほぼ同形態のものである。すなわち、それは、郊外に立地し大規模な駐車場設備を設け、低層の巨大な箱型店舗（Megabox）内に多様なテナントを擁している。ウォルマートは、二〇〇七年十二月にTOB（株式公開買付）を通じて国内小売流通最大手のひとつである西友を完全子会社化するなどして、我が国の流通業界にも進出した、掛け値なしに世界最大規模のグローバル企業のひとつである。[6] しかし、同時にアメリカ本国では、低賃金、従業員の健康保険への未加入問題、地元商店街（Main Streets）への壊滅的打撃、撤退後に残された店舗（＝廃墟）等による治安悪化などの点から、様々な批判の対象となっている。[7]

法哲学・政治哲学の観点からする、かかる「ウォルマート的なるもの」への批判的視線は、コミュニタリアニズム（共同体論）の代表的論者たるマイケル・サンデルの著作の中にも見出すことができる。サンデルの筆致によるなら、「ウォルマート的なるもの」は、住宅地が都市の外縁に向かって無計画・無秩序に広がってゆく所謂「スプロール化現象」と相接するものであり、そのような「郊外」においてコミュニティの小売商業圏を破壊し尽くし、さらに高い利益を求めて他の場所へと去ってゆくものとして描き出される。「住民には、ウォルマートの空き店舗、シャッターの下りた商店街、そして自分たちには太刀打ちできない力の犠牲者であるというやるせない感覚だけが残される」のである。このような大規模ショッピングモールの進出に反対する市民運動は「スプロールバスターズ(Sprawlbusters)」と呼ばれるものであるが、彼らは「消費者的価値(consumer value)に対する市民的価値(civic value)の優位」を強く主張しており、かかる主張の核心は、運動家アル・ノーマン(Al Norman)の以下のような言葉に凝縮されていると見ることができるだろう。——すなわち、「私は、安い下着よりも、活き活きとしたコミュニティ(viable community)が欲しいのだ」と(8)[Sandel :334]。

二　南大沢(Mall in Suburbs)

ここで本章タイトルの解題を行っておくと、本書が執筆されているのは、東京都八王子市「南大沢」一丁目一番地に立地する首都大学東京南大沢キャンパス内の私の研究室である。東京都立大学としては一九九一年に目黒区八雲から移転を完了しており、東急東横線「都立大学駅」に、もはや大学は存在しない。関連施設としては、東京都立大学附属高等学校が都立大跡地に隣接して残存していたが、入学者の新規募集が停止され、二〇一一年三月をもって閉校した。したがって、都立大学駅もまた、西武新宿線「都立家政駅」、もしくは誕生の時点から挫折を強いられた西武池袋線「大泉学園駅」と同様に「存在しない学校名」を掲げた駅として、完全な「ゾンビ化」を果たしたわけである。また、現在の大学のキャンパス自体は、隣駅の「京王堀之内」が、映画『平成狸合戦ぽんぽこ』(一九九四)

に登場する「変化狐の竜太郎」のねぐらであることからも推察される通り、万葉歌にも詠まれた防人の通り道「多摩の横山」[9]を掘り崩し、狐狸の類を追い出して建設されたものである。この南大沢一帯は所謂「多摩ニュータウン」に包含される地域として、「日本のニュータウンの縮図」、「ニュータウンの博物館」とも称されるものであり、現代日本における「郊外」の最も典型的かつ大規模な事例を形成している［福原 :30］。

私自身、都内に居住を開始してから、すでに人生の過半を過ごしたこととなるが、その生活本拠は長らく私鉄沿線の所謂「第3山の手地区」[10]にあり、現在の勤務校へと通うため、京王相模原線に揺られて多摩川境を越え、さらにその先、進行方向右手に忽然と現れる若葉台の超人工的マンション群を初めて目撃した際（二〇〇五年当時）の印象・感慨は、今もって忘れがたいものがある。それは、私にとって、ある種の唐突なSF的パノラマに対面したかのような「違和感」でさえあったのだった。

そもそも私は、九州北東部に位置する人口十二万人程度の中規模都市――観光を最大の産業とし、宿泊業・飲食業を中心とする第三次産業従事者が全体の八〇％を越える町、そして第二次世界大戦中も一度も無差別空襲を受けたことのない、したがって比較的古いままの街並みの残る土地に生まれ育った者であり、「ニュータウン」などというものは島田雅彦の小説（例えば、『忘れられた帝国』[11]など）に登場するものを体感的には理解することもなく、漫然と了知していたに過ぎなかった、という経緯が、右「ニュータウン的なるもの」に初めて接した際の〝違和感〟の背後にあったのであろうと思われる。なにしろ、かつて私は、上掲の島田作品中に登場する「ＴＭ川」を「多摩川」と読み替えることも覚束ない程であり、仮に「多摩川」と読み替えることに成功したとしても、そこから自然・

素直に連想され得たのは、「多摩川に曝す調布《てづくり》さらさらに何ぞこの児のここだ愛《かな》しき」（万葉集十四巻三三七三）という詠み人知らずの相聞歌であり、また「調布」[12]という言葉から想起せしめられるのも「租庸調」もしくは「律令制」でしかなかったのだから。私の中で「多摩川」と「ニュータウン」との間に存在したイメージ上の懸隔は、かように大きなものだったのである。

さて、南大沢に再び踵を返そう。駅の改札を出て右手に向かって大学を目指すと、その両脇には二〇〇〇年九月に三井不動産によって開発された巨大なアウトレットモールが非日常的・祝祭的空間を形成し、それが終わるところに大学キャンパスが門口を開けている。実際それは、二〇〇八年四月一日に改称[13]されるまでは、南仏「プロヴァンス風の街並み」と「祝祭（La Fête）」という二つのテーマの下に「ラフェット多摩」と呼ばれていたのである。このイメージコンセプトの最たるものは、大学への進行方向左手の店舗壁面に麗々しく掲げられたフランス語表記の「偽史」――“La Fable de la Fête Tama et le voyage fantastique de la Famille Verne”であり、その中では、南大沢が、プロヴァンスに住むヴェルヌ一家がタイムマシン（?）に乗ってやって来て棲みついた街であることが記されている。ちなみに私の勤務校には、長男のパスカル君が学んでいるそうである。[14]

このような形での「郊外開発」は、若林幹夫の指摘に従うなら、七〇年代後半以降の「都市空間を記号論的に演出された舞台として編成してゆく動き」の一環として捉えることが可能であり、商業スペースに留まらない、かかる手法の対象の展開・拡張は、その周辺の住宅地へも及んでゆくこととなった。このような流れの中、「ヨーロッパの街角のような盛り場やモールだけでなく、イギリス・カントリー風を謳った郊外住宅地や「地中海都市」を謳ったマンション、イタリア山岳地帯をイメージしたというニュータウンなどが、この時代以降、大都市周辺に数多く作られ、販売されていった」のである［若林 :168-169］。

南大沢においても（否、ここでこそ）事情は同じであり、前出モールの周辺には、フランス語で「美しが丘」を意味する名称を掲げた大規模集合住宅群[15]が配置されている。典雅なフランス語名称からも察せられるように、それは「南欧の山岳地帯」をイメージして建設されたものであり、「具体的にはイタリア中部〈緑のハート〉と呼ばれるウンブリア州アッシジ」をモデルとしている。この集合住宅群は、一九八七年に、フランスに範をとった画期的な「マスターアーキテクト制」に則り、「景観からディテールに至るまで徹頭徹尾デザイン性を追求するポスト・モダン体制」の下に構想されたのであった［山岡 :33-35］。

しかし、当該マンション群は、八九年〜九三年の分譲を終えた入居の当初から、住民を漏水・コンクリートのひび割れ等によって悩ませるようになり、九七年の大規模修繕の調査などを通じて次々と欠陥建築の実態を露呈するに至った。[16] この原因の一端としては、そもそもの施工計画の杜撰さもさることながら、建築当時の現場監督によるなら、以下のような背景事情も存在していたのである。

あのころは、都心でも職人なんて来やしない。大手は新都庁舎の建設で熟練の職人をホテルのスイートルームに泊めてよそに流れないよう囲い込んでいた。大手はそこまでやった。……都心でそんな状態。まして遠い八王子になんか職人は来ません。おまけに多摩ニュータウン周辺の道路が悪くて、ひどい渋滞に巻き込まれた。工賃は安い。職人は来ません。そんな状態で、ゼロか

ら三年で竣工なんて無理な話です。〔山岡 :42-43〕

このような中、「暴風雨のなかでもコンクリートが打たれる」（大量の水を含んだコンクリートは弱い）などして完成した巨大集合住宅群は、無理に無理を重ねた工事の結果、「過去最大の欠陥マンション群」（国土交通省）として信じがたい程の問題を露呈し、二〇〇五年の耐震強度偽装事件（姉歯・ヒューザー）で建築の安全性に国民的注目が集まるより遥かに以前から現在に至るまで、その住民の多くに甚大な犠牲を強いて来ているのである。九九年十二月以降の大規模補修の際、下請けで現場に入った工事業者の語る以下のエピソードは、居住者の苦衷を察してあまりある点、読むに忍びないものでさえある。

あの現場はジャンカ〔コンクリートの打設不良〕が底なし沼でした。コンクリートがサクサクで弱かった。掘れば掘るだけ深まって、壁を突き抜け、穴があく。自宅の現場作業に立ち会った奥さんは、『ああー、空が見えた』と言ったきり、その場で泣き崩れました。愛おしいわが家が切り刻まれる気持ちは……こっちも辛いですよ。(17)〔山岡 :57〕

読者において、以上のような形で描き出される「南大沢」に対しては、いささかならず陰鬱な印象が纏わりつくかもしれない。しかし、そこで人々は、仕事へと往還し、生まれ、育ち、育てつつ、現に生活を営んでいるのである。私自身もまた、上で述べたようなある種の「違和感」を抱きつつも、一人の教師として、日々、その街へと通い、それなりの愛着を抱いている。この郊外の街を素材として、何か考えることはできないか。それが本書執筆に際してのアンビバレントな動機のひとつを規定している。

以上のようなモチーフを抱懐しつつ、日本におけるコミュニティ一般について論考をなすに際しては、先述の「美しが丘」をも含む集合住宅一般や、それらの多くが配置された郊外／ニュータウン、あるいはそれらを取り巻くスプロール化現象といった事象を、避けて通ることはできないのではないか、と思われるのである。

ここで、歴史の古層へと視線を転じるなら、我が国における郊外／スプロール化現象に関する最も古い歴史的記憶のひとつとしては、すでに序章で登場した荻生徂徠によるそれを挙げることも可能かもしれない。徂徠は、今を遡ること三世紀近く前、一七二〇年代に書かれたとされる『政談』(18)の冒頭において「総ジテ国ノ治ト云ハ、譬ヘバ碁盤ノ目ヲ盛ルガ如シ。目ヲ盛ラザル碁盤ニテハ、何程ノ上手ニテモ碁ハ打タレヌ也」と記した上で、次のように述べている。

何方迄ガ江戸ノ内ニテ、是ヨリ田舎ト云疆ヒ限リナク、民ノ心儘ニ家ヲ建続ケル故、江戸ノ疆限年々ニ弘マリ行キ、誰許ストモ無ク、奉行御役人ニモ一人トシテ心附人モ無テ、何ツノ間ニカ、北ハ千住、南ハ品川マデ家続ニ成タル也。〔政談巻之一:265〕

ここでの「北は千住、南は品川まで」の地域への言及は、今日からするなら「郊外」とは対比される「都市」の中心部の成立を描いてもいる訳だが、「民の心の儘に家を建て続ける故……家続きに成りたる」様子は、「都市計画欠如による町並の無制限膨脹」［辻：747］を指摘している点において、奇しくも現在の状況と平仄を一致させている。また、先の徂徠の言葉を借りるなら、「碁盤の目を盛るが如く」であったか否かははなはだ心許ない形で高度成長期に全国津々浦々に建設された巨大団地は、半世紀近くの歳月を経るに至っているが、その間に建物の老朽化、住民自体の高齢化などが相俟って、現在、郊外／団地は、急速な凋落を迎えつつある。近年の事例としては、東京都心部に立地する新宿区の「都営戸山団地」において、住民の過半数が六十五歳以上となる超高齢化が進んでいることが判明しているが、これは高齢化率全国一位の群馬県南牧村並みの「限界集落」が都心のど真ん中に生まれたことを意味している。(19) このような「集合住宅≒団地」、そしてそれらの多くが配置された郊外に一体どれだけの数の人々が現に居住しているのかということに関して、少しでも想像力を働かせるならば、我が国における法哲学／政治哲学上の共同体に関連する諸考察が、これまで述べて来たような集合住宅や郊外、そして、先に言及した米国の事例と同様、我が国においても郊外を席巻しつつある巨大ショッピングモール等といった諸々の要素を捨象した形で議論を展開したところで、それがいかほどのアクチュアリティを有し得るのか、疑問なしとしないのは私だけであろうか。

法哲学者としての観点からするなら、一方で、「集合住宅≒団地」という形での郊外コミュニティにまつわる諸問題は、直接、コミュニタリアニズムに関連付けられ、また、他方で、ショッピングモールにまつわる諸問題は、小売流通の規制（緩和）に関連する形で「市場の自由」にまつわる問題としてリバタリアニズムや、その極限形態である無政府資本主義（anarcho-capitalism）、さらにはグローバライゼーションとも関連付けられるように思われるのである。

以上のような複合的なモチーフを下敷きにしながら、次節以降では、我が国が現在辿りつつある、あるいはこれから辿ろうとする歴史を先行して経験したとも言えるアメリカ合衆国を中心として展開された、近年の法哲学・政治哲学上の諸見解を紹介する形で議論をさらに先へと進めてゆくこととしたい。

三 私たちの場所（A Place for US）

前節でも予告した通り、冒頭で「ウォルマート的なるもの」への批判者として登場したサンデルに立ち戻って、ここでは、現代正義論をめぐる論争の一端を担うコミュニタリアニズムの発生経緯を歴史的に振り返ってみよう。二十世紀中盤以降に勃興した所謂「現代正義論」の嚆矢をなすのは、言わずとしれたジョン・ロールズであるが、ロールズの正義論、及びそれが支持・擁護すると考えられた福祉国家（welfare-state）[20]に対し、最初に異議を唱えたのは、リバタリアニズムであった。そこでは、国家の担うべき役割はどの範囲まで認められるのかが問われ、その最もはなはだしい形態においては、あらゆる国家機能が市場化＝民営化されるべきことが説かれる（無政府資本主義）。

ロールズ流のリベラリズムが含意する平等論（Egalitarian）的志向から一線を画すため、「自由（Liberty）」そのもの、就中「市場の自由」に力点を置いた形で主張されたリバタリアニズムであったわけだが、このような「リベラリズム対リバタリアニズム」という、そのいずれもが何らかの形で「自由」自体にはコミットした陣営内部での「論争枠組」自体を根本的に覆す形で登場したのが、コミュニタリアニズムである。

コミュニタリアニズムは、「自由」と鋭く対比される形で「共同体」の価値を唱道し、その復権をリベラリズムによってもたらされた社会的諸問題への処方箋として提示するものであるが、他方において、それは福祉国家批判のラインに沿って、リベラリズムに攻撃を加える点では、リバタリアニズムとも軌を一にしていると見ることができる。森村進も指摘するように、この両者は互いに「一八〇度対立する思想」として早計な理解（誤解）をされがちなものであるが、大部分のリバタリアンにおいても、「人間にとって共同体が持っている重要性」（ボランタリーなものに限るのではあるが）は否定されていない［森村 :14］。

このような観点からするなら、両者は、リベラリズム＝福祉国家構想に対しては、論争的同盟（敵の敵は味方）とでも言える関係にあるわけだが、すでに触れた我が国の郊外や大規模店舗の出店にまつわる形での「コミュニティ」の崩壊と、この「市場の自由」の貫徹を主張するリバタリアニズムの間には一定の相関性があるように思われる。

以上で述べたリバタリアニズム、及びコミュニタリアニズムをめぐる問題の諸相を、本章の主旨とも接続され得る形で論じている近年の興味深い著作としては、「マックワールド」という標語の下、ラディカルな消費社会批判を展開することでも知られるベンジャミン・バーバー（Benjamin Barber）の『〈私たち〉の場所』が挙げられる。バーバーは、「リバタリアン・モデル」・「コミュニタリアン・モデル」・「強靱なデモクラシー（Strong Democracy）・モデル」という「市民社会」の三つのモデルを比較検討した上で、最後のモデルをリバタリアンとコミュニタリアンのいずれにも優越するものとして称揚している。ここではまず、バーバーの議論において、リバタリアン、コミュニタリアンがどのようなものとして描き出されているのかを瞥見しておくことにしよう。

バーバーによるなら、リバタリアン・モデルは、市民社会を徹頭徹尾「私的な領域」とみなすものであり、そこでの「市民社会」は「市場」と同義のものと化す。そこに存在するのは、経済的利益の追求を貫徹するために「権利の防塁をめぐらす気むずかしい」人々であり、彼らは「参加」ではなく専ら「消費」を行う主体としてのみ行為する。最も端的な表現を借りるなら、このモデルにおいては、「〈私の〉場所であるショッピングモールが、〈私たちの〉場所である民主主義と混同される」[Barber訳 29] のである。

これに対して、バーバーが言うところのコミュニタリアン・モデルは、市民社会を「人々が共同体の中で相互に作用し合い、その中に深くとどまる領域」と考え、それをあらゆる「社会的結合」の必須条件とみなす。このモデルにおいては、国家が寛容に過ぎるため社会に対して介入しないことが危惧され、その裏返しとして国家による強力な「指導」が期待されるのである。本書のこれまでの脈絡からするなら、いささか唐突ではあるのだが、このモデルに潜在する政治的願望は「民族共同体(Volksgemeinschaft)」というナチス的理念を彷彿とさせるとバーバーは論じている。

以上のような形で描き出されるリバタリアン、及びコミュニタリアンに対比される形で、彼が優越的地位を付与するのが、「強靭なデモクラシー・モデル」である。バーバーによるなら、それは、サンデルによる「公民的共和主義(civic republicanism)」の構想に近似するものであり、管見するところ、「公民的徳性(civic virtue)」を陶治しつつ強力な「自治への参加」を推奨するものと考えられる。

井上達夫による共同体論の分節化に従うなら、ここでバーバーが自らの提唱するモデルとは峻別されたものとして名指しする「コミュニタリアン」は、「特定の共同体の歴史と伝統の内に埋めこまれた共通の善き生の構想を、成員たる諸個人の自同性の基盤および自己実現の指針として、維持・発展させることを政治の目的とする」点で、「歴史主義的共同体論」とも称されるべきものであり、他方においてバーバー自身が推奨する「強靭なデモクラシー」は、「公共の事柄への共同参加と民主的自己統治に、諸個人の間の共同性の絆を求める」点で、「参加民主主義的共同体論」と称すべきものである［井上:131］。

以上のような経緯を踏まえるなら、先に「いささか唐突」という表現を付した通り、ここでバーバーが「コミュニタリアン」として名指すものは、彼自身が提唱するモデルを際立たせるために、いささか極端な造型を施されたものである感も否めず、その点、彼自身のモデルである「強靭なデモクラシー」もまた、本章においてこれまで語られて来た広義のコミュニタリアニズムにあたるもの（参加民主主義型）と考えた方が話の通りが良いようにも思われるのである（いずれにしても、リバタリアン的なものと一定の相関性を有する消費社会的現象＝ウォルマート的なるものとの間には鋭い緊張関係を保つのではあるが）。

バーバーの主張の中身をさらに見てゆくなら、そこには以下のような興味深い点を見出すこともできる。すなわち、その著作の中では、かかるモデルの実現を支える舞台として幾つかの条件が提示されているのだが、本章との関連で最も興味を惹くものとして、「公共的な空間」に関する具体的な言及の存在が指摘できる。その中で彼は、「政府機能の民営化」や「郊外化」が進展した我々の社会においては、「市民的精神が行使され、市民社会の自由な活動が探求される物理的な場所が十分にない」ことを指摘した上で、ショッピングモールに関する次のような提案を行っているのである。

もし私たちの世界がモール化されていくとしたら、ショッピングモールを有用な市民的な空間に変えることは可能なのであろうか。商業に適応している建築様式には、市民の必要を満たすような変化を許す十分な柔軟性があるのだろうか。［Barber: 訳 112］

この点に関しては、ショッピングモール経営に関するプロフェッショナルであるパコ・アンダーヒル（Paco Underhill）が、その著『なぜ人はショッピングモールが大好きなのか』の中で次のように書いていることが想起される。[21] すなわち、アメリカにおいて、郊外住人はモールを現に「公共空間」に準ずるものとして扱いつつあり、様々なコミュニティ活動（演劇、スポーツクラブ、ボランティア……）はもとより、合衆国憲法によって保障された「言論の自由」を盾にした様々な活動もが、多くの買い物客を目当てにモールで行われるようになっているのだ、と。[22] 実際、一九八〇年には、カリフォルニア州のショッピングモールをめぐって、憲法修正第一条が保障する「言論の自由」よりも拡張された権利保障を各州法がモールに義務づけることができる旨、連邦最高裁は満場一致で判示しているのである。[23]

四　郊外再び（Suburbs Revisited）

いまだ積み残された論点としては、「集合住宅＝団地」に関する検討が残っているが、ここでは、その本格的な規範的検討に立ち入る一歩手前の段階として、再び本章冒頭と同じように、それらが文化的諸表象の中にいかなる形で描き出されて来たかを、まずは簡単に振り返ってみることにしたい。

これまで団地やニュータウンを舞台とした文学作品は、数多くものされて来たが、それら「郊外文学」の多くは、特に近年、加速度的に陰鬱な色彩を強めて来ている。[24] かつて「郊外」は、国木田独歩の『武蔵野』[25]や徳冨蘆花の『みゝずのたはこと』[26]において、あるいは佐藤春夫によっては牧歌的な「田園」として描かれた、「理想郷」であったが、時代を下った今日においては、次のようなものへと変質するに至っているのである。[27]

例えば、郊外の主婦たちの犯罪を通じたやるせない連帯を描いた桐野夏生の『ＯＵＴ』、値崩れを起こした分譲マンションに自分たちよりも安値で後から入って来た新参住人をイジメ倒して追い出すに至る過程を描いた重松清の短編「カラス」（『見張り塔からずっと』に収録）、郊外団地で崩壊する家族の肖像を描いた角田光代の『空中庭園』[28]と、陰鬱な事例は、実に、枚挙に暇がない。このような傾向性は、一九七八年に秋山駿によって書かれた「団地」という散文詩においても、早々に露呈しているが、そこで描き出されるところの団地の風景は、予言的ともいうべきものである。少し長いが、以下に肝要な部分を引用しておこう。

しかし、二〇年経った今日でも、一軒のうまいソバ屋も、うまい珈琲店もない。この町の住人は、飲食はするが、雰囲気は食べない。ニュアンスは食べない。そのようなところには、町をかざるあの「綺麗な女の子」という存在が見あたらない。綺麗な女の子のいない町などが、町と呼べる代物だろうか。／団地の住人は、醜くもなければ、美しくもない。美であれ醜であれ、何かそのようなものを形成する因子、どんな微細な量であれ、何かドラマティックなものが、生活から欠けているのである。／秘密の思想の痕跡といったものは何一つない。／本当の古本屋というものがない。つまり、生のニュアンスを沈殿させ、再生させる構造がない。それでは文化は成立しない。だからこれは本当の町――生きた有機体ではない。／なるほど、古本屋も出来つつあるところだが、それは貸本屋兼業であって、新刊本の安売り店[29]といったところである。いわば、この町を支配しているスーパーマーケットの精神の一つの表現に過ぎない。［秋山 :64］

秋山は、西武池袋線沿線の「ひばりヶ丘団地」に一九五九年からすでに半世紀にわたって暮らし続けて来た、彼自身、生粋の団地住民である。[30]そのような彼において、すでに今を遡ること三十年以上前に、引用末尾に見られるような形で、明確に「スーパーマーケットの精神」への言及がなされていることには驚きを禁じ得ない。

このような「郊外文学」の系譜は、海外文学の中にも発見することができるが、その中でも、郊外のディストピア的風景を仮借ない筆致で描き切った点で特記さるべきものとして、J・G・バラードの手になる『殺す』、『コカイン・ナイト』、『スーパー・カンヌ』などが挙げられるだろう。[31]これらの作品は、高度に管理された郊外の完璧にも見えるユートピア的コミュニティにおいて人間精神が破滅的病理様相を呈してゆく様を描き出している点で、悪夢的郊外像の極北を指し示していると言える。しかし、現実の郊外は、バラードにおいて極端な形で表現されたディストピアでもなければ、無論ユートピアでも有り得ず、それは只々、現に存在しつつ、どうにかされなければならないものなのである。それは、ファンタジーのトポスではなく、現実に切迫した対処を要する意味において、「私たちの場所」なのかもしれない。

五　規範的次元へ（Normative Dimensions）

ここまでの議論では、リバタリアニズムは郊外におけるモールの加速度的展開に手を貸した点で、地域コミュニティ荒廃の正犯、もしくは少なくとも教唆犯・幇助犯程度には罪咎あるものかもしれないことが示唆されたが、他方で、コミュニタリアニズム自体に関しても次のような瑕疵が隠れているのではないかという疑いが指摘される。

すなわち、バーバーが「歴史的共同体論」とは峻別された形で提出する「参加」に重きを置くコミュニタリアニズム＝「強靱なデモクラシー」モデルにおいても、その「参加」モチーフ自体が「歴史」への参照を示しているのではないか、という疑義である。

アメリカ合衆国という世界史上にも稀な歴史を有する国家においては、他の国々の歴史的伝統とは異なり、「自治」（＝参加）のモチーフが歴史／伝統と合致するという極めて偶有的（contingent）な事情が存在する。このことは、バーバーが自らのモデルとの親和性を示唆するサンデルの「公民的共和主義」の議論において、一層明らかとなる。すなわち、サンデル史観[32]においては、アメリカ憲政史上、制憲初期から十九世紀にかけて隆盛を誇ったとされる歴史的存在としての「共和主義」が、リベラリズムとの対抗関係において、肯定的に捉えられているのである。再び井上達夫の言葉を借りるなら、ここには、「歴史主義的共同体論」と「参加民主主義的共同体論」との「歴史的結合性」が呈示されていると見ることもできるのではないだろうか。

以上のような点からするなら、バーバーの明示的な主張（「市民社会は郷愁のレッスンである必要はない」）にもかかわらず、彼の主張をも包含する広義のコミュニタリアニズムのスローガンには、依然として、「喪われた善き共同体の復活（Et in Ego Arcadia）」という通奏低音が鳴り響いているように感じられることとなるのである。しかし、かつて存在した「善き共同体」とは一体どのようなものなのだろうか、また、そのような共同体がいまだかつて存在したことがあるのだろうかという疑問を拭い去ることはできない。実は、そのような志向自体が、いまだかつて有りもしなかったトポスへの詮無い幻想なのであって、ユートピア的願望に過ぎないのだとしたら？　逆に郊外をディストピア的なものとしてのみ描き出すのも、ベクトルの向きが変わっただけの夢想に過ぎないのだとしたら？

すでにこれまでも繰り返しなされて来た、「郊外（Suburbs）はディストピアなのか？」という問いに対しては、是とも非とも断言することはできない。都市（Urbs）においても様々な問題は発生しているのだし、その歴史はもちろん発生論的な順序からして、当然に郊外のそれよりも長く、また厚い。都市がこれまで様々な文化的表象の舞台となって来たのと同様、右のような問いがなされること自体が、郊外もまた、かかる表象の舞台として成熟して来たということの証左であると見ることもできるだろうか。成熟と衰退は表裏一体なのかもしれないが。

以上で輻輳し、錯雑化して来た脈絡の全てに、ひとつのまとまりを付けるため、ここで、いま一度、徂徠先生に登場して頂くことにしよう。再び『政談』に拠るなら、以下の通りである。

武家御城下ニ集リ居ルハ旅宿也。諸大名ノ家来モ、其城下ニ居ルヲ江戸ニ対シテ在所トハ雖モ、是又己ガ知行所ニ非レバ旅宿也。其子細ハ、衣食住ヲ始メ箸一本モ買調ネバナラヌ故旅宿也。故ニ武家ヲ御城下ニ差置トキハ、一年ノ知行米ヲ売払テ、夫ニテ物ヲ買調ヘ、一年中ニ遣キル故、精ヲ出シテ上ヘスル奉公ハ皆御城下ノ町人ノ為ニ成也。依之御城下ノ町人盛ニナリ、世界次第ニ縮リ、物ノ直段次第ニ高直ニ成テ、武家ノ困窮、当時ニ至テハ最早スベキ様モ無クナリタリ。〔政談巻之一:295-296〕

すでに、郊外に関する歴史的古層へのまなざしのひとつとして言及された『政談』であるが、右の引用部分においては、今度は、そのような郊外において「何が起こるのか」が暗示されているようにも見受けられる。文中にも見られる通り、「武家」が集住する城下町は、「衣食住を始め、箸一本をも買い調えねばならぬ故」に「旅宿」と称されるに至るのだが、モールのユニクロで衣服を買い、ロードサイドにチェーン展開したレストランで食事をし、団地に住まう「郊外」もまた、そのような意味での「旅宿」なのではないか、と。徂徠において描き出されたのは、当時の商業社会の伸展による武士の困窮であったが、同じくそこに記された「世界、次第に縮まり」という字句には、今日のグローバル化をあからさまに想起させられ、さらには嘆息にも近い感慨を抱かせられるのである。[33] 徂徠によって、右のような形で描き出された「武士」と「商業」との間のせめぎ合いは、現代的な形では以下のように再構成される。

すなわち、「武士的なるもの」が一面において象徴するのは、その「武張った精神」の在り方の中に尋常ならざる形で表出すべき「徳」であるが、このような（大勢を占める町人には関わりのない）異様・奇態な精神の立ち働きは、[34] バーバーやサンデルにおける「公民的徳性（civic virtue）」にも比定されるものである。しかし、世界の秩序を維持するために、そのようなものを「燃料」とするのは、果たして適切なことなのだろうか。なんとなれば、徳であれ virtue であれ、あるいはそれが市民的公共精神であったとしても、かかる「精神的なもの」を作動のための必須条件とした制度設計には、いささか無理があるように思われるからである。これは言うなれば、「松茸」の人工栽培を前提とした献立を作るようなものであり、「松茸」の大量生産が首尾良くなし遂げられた事例を、私は寡聞にして知らない。強靱な参加の資質／資源たる「公民的徳性」とは、まさに、この「松茸」なのではないだろうか……。

第二章　市民的公共性の神話と現実

一　神話

戦後日本の政治で、市民という問題が最初に登場したのは、市民運動という形ででした。……運動は「デートもできない警職法」などというスローガンとともに大衆的な週刊誌などを巻き込んで若者や主婦層にも広がり、ついに岸内閣に警職法改正を断念させて目的を達成したのですが、お決まりの人民や大衆あるいは国民といったシンボルではなく市民というシンボルが択ばれたことに対する戸惑いや抵抗感は小さくありませんでした。「ここは東京都だから都民運動じゃないですか」とか、「市民運動の市というのはどこの市ですか」というような質問が、報道機関からも寄せられたのですね……。〔高畠 :27-28〕

右の抜粋は、政治学者・高畠通敏が二〇〇三年に「市民政治再考」と題して行った講演の記録からの引用である。ここで掲げられた「市民」という言葉は、「革新政党や総評系の労働組合など」の従来型の運動とは一線を画す「新しい独立した運動のシンボル」であったわけだが、引用末尾にも見られる通り、意外にもそれは、さほど滑らかに受容されたシンボルでもなかったようである。

実際、「市民的公共性」、もしくは「市民的なるもの」の一発露形態としての「市民運動」は、抵抗の対手としてデモなどの行動様式でしばしば対峙することとなった国権の最高機関たる国会の議事録中、第三国会で初めて登場して以来、直近の会期までの間に都合六百回以上にわたって用いられて来ているのだが、しかし、冒頭引用中で言及された運動以降も依然として議事録中、それが意味するところは専ら「大阪市」や「福岡市」など、端的に行政区画を意味するところの「市」民であり続け、運動の担い手たちが自認する意味での用法をもって議事録に登場するのは、警職法改正反対運動の時点から十年近く経った第六十一国会を待たなければならなかった。「市民運動」の語は、そこで初めて正しく「公安警察」の「治安対象」如何をめぐって議事録の俎上にのぼり、これをもって市民的公共性は対峙すべき国家的公共性の側とともに、間主観的な意味内容を（一旦）画定するに至ったのである。[1]

このような意味での「市民的なるもの」をめぐる情況は、警職法問題からさらに二年後の所謂「六〇年安保」においてひとつの画期をなすこととなる。そこでは、既成政党や従来の労働運動からは一線を画したある種アモルフな集団としての市民が、一層の力強さを持って姿を現すこととなった。ここでの自発的で開かれた集団的示威は「誰デモ入れる」もの、「声なき声」を伝えるものとして、広く社会の共感を呼んだのである［小林 :108］。

しかしながら、このような形で華々しく登場した「市民的なるもの」は、さほどの時を経ることなく現実との乖離を見せ始め、理念的＝神話的なものへと褪色してゆくのであった。[2] かかる乖離／褪色の兆はすでに、「六〇年安保」の帰結においてすでに示されていたと見ることも可能であり、その顚末に関する整理としては、次のような形で奥武則によって示された観点からするものも可能であるように思われる。

すなわち、占領期を含めた安保までの戦後十五年間は、「どんな大人になるのか」をめぐって異なる国家構想が相争われた時期であり、論壇からは「非武装中立」が有力な大人像の候補として華々しく登場した。しかし、現実にはアメリカ合衆国に軍事基地を提供し、冷戦下の西側諸国の一員として「大人」になる道が選択されたのであった。この点、岸は、そのような中で安保条約改定という形で上記の「現実」に沿った「成人式」を強行したとも言える。安保闘争において、「もう一つの国家構想」である非武装中立論は、明確な対抗相手の出現によって活性化したかのようにも見えたのだが、結局のところ、それは「国家構想の対立」ではなく、「民主主義を守れ」というレベルの〝抵抗〟闘争として（のみ）盛り上がった。つまり、すでにこの段階で、論壇で多数を占めて来たと見られていた対抗的国家構想に対しては死亡宣告がなされていたのである。以後、〝国家構想〟といった大きな問題は、国民の意識からは乖離し色褪せたものとなり、時代は、間もなく疾走を始める高度経済成長へと突入してゆくことになるのであった［奥：163］。

右の歴史的経緯にいささか足早な整理を施すなら、所謂「戦後市民論」は、初発において対国家的な垂直的対抗関係下での公共性をモチーフとしながらも、同時に水平的な広がりへの萌芽をも孕むものではあったのだが、帰結においてそれは、強度においてははなはだしいが内実においては漠然とした「民主主義」の標榜[3]に留まったという指摘もなし得るかもしれない。このような垂直／水平という異なる二つのベクトルの共時的懐胎は、後述の通り、力学的帰結としての「散乱」もしくは「融解」

現象を予告するものでもあった。また、さらに後段において敷衍されるように、初発時に見られた垂直的対抗関係というモチーフの反響は、国家をあくまで「抵抗」の対手としてのみ思い為す「ある種の態度」として、消えることなく今日まで残存するに至っている。圧縮された形で示された以上の諸点に関しては、以下の行論において改めて詳しく申し述べることとして、次節ではまず、本章における問題機制について概観しておくこととしたい。

二　現実

1　問題機制

さて、戦後史における「市民的なるもの」の意味変遷は、決して十分性は標榜しないものの、あらまし前節において辿った通りではあるのだが、その解釈をめぐっては現在においてもある種の名状し難い「磁場」が存在しているように思われ、また、このような形で登場した「市民的なるもの」に関する議論の蓄積には、その歴史的経緯に関する説明を含め、すでに汗牛充棟の観がある。したがって、本章ではあえて屋下に屋を架すことはせず、すでに見たように「市民的公共性」を適宜「市民的なるもの」と互換的に読み替えつつ、かかる「磁場」からいささかなりとも距離をとることを目指し、これまで無意識下において錯綜し続けて来た、「市民的なるもの」の概念的内実を幾つかの問題系に再分節することによって、再検討することとしたい。

以下ではまず、この「市民的なるもの」をめぐる議論系に三つの抽象化を施すこととする。三つの抽象化とは、「承認／自己拘束／再分配」という三幅対の概念架設である。本章ではこれらをさらに「承認と自己拘束」と「承認と再分配」、そして「自己拘束と再分配」という次項以降に相次いで示される三つの連関項に組み上げ、そのそれぞれからさらに個別的な〃問い〃を搾出・設定し、また適宜それらに対して（暫定的な）回答を付す形で議論を進めてゆくこととしたい。

2　承認と自己拘束

団結することにより集団的利益をかちとろうとするのではなく、個人の資格において、普遍的な立場で公共的な事柄を自在に論じ、ネットワーキングを通じて、その実現を図る主体的な存在としての市民。［石川 :33］

憲法学者・石川健治は、一九八九年以降、新たな光彩を帯びつつ流通するようになった右の意味での「市民」をめぐるディスコースに接し、特段の重要性を持つ概念対として「承認と自己拘束」を挙げる。(4) 前者はヘーゲル以来の「承認（Anerkennung）」概念がチャールズ・テイラーを経由した形で、所謂〃アイデンティティの政治〃へと径路を拓くものであり、後者は「市民的なるもの」が公共性を志向・標榜するに際して、自らの立場の普遍性を〃証し立てる〃条件として要請される「一定の公徳心の維持ないし自己陶冶」なりを意味する。かかる公共性志向の故に求められる条件こそが、ここで

「自己拘束（Selbstbindung）」の語が指示内容とするものである。本項では、まず石川によって提示されたこの図式を勁い導きの糸（実のところ、命綱）としつつ、後続の二つの連関項において示されるべき問題系の析出・予告を行っておくこととしたい。

さて、石川における「承認と自己拘束」図式は、議論の大前提として、「市民的なるもの」をめぐる従来の議論そのものが優れて「政治論」の文脈におけるものであったこと、そこでの「市民」があくまで〝法主体〟ではなかったことに強い注意を促した上で、かかる〝法律論における「市民」の不在〟というプロブレマティークそのものを「国家の論理」の側から逆照射しようと試みるものであると言える（その際、「承認／自己拘束」という概念対は、「一般国家学」の著者、イェリネックにまで立ち返ることによって審らかにされることとなるのであるが）。

ここで言う「国家の論理」は、「欲望の体系」から自律した（政治的）公共圏を確保することを課題とするものであり、かかる課題を「主権論」という「危険な仕掛け」によって強制的に実現しようとするプロジェクトとして遂行されて来た。その典型がフランスである。[5] 周知の通り、そこでは革命を通じ、あらゆる中間団体を破砕することによって領域内での唯一の公共体たることを標榜するに至った国家が公共性を独占し、一元的な「公共性の回路（公共性＝公共圏 öffentlichkeit）」が強制的に創出されるに至る。「自己利益を追求するエゴイストは、この「回路」を通過することによってあたかも〝錬金術〟のごとく、その内容の普遍化可能性と技術的執行可能性のいずれをも確保できることになる」のである。そこでは、社会的諸勢力による政治的自己主張のすべては、自らの主張内容の現実的執行（enforcement）を期するのならば、「一定の expertise を保った法の言語」に翻訳されることなくしては、他の諸勢力からの承認を得ることは叶わない。諸々に渦巻く私益は、国家において一元化された「公共性の回路」をくぐることとなしには、公益となることを断念せしめられるのである。この「公共性の回路をくぐること」を、イェリネックは「承認（Anerkennung）」の概念を用いて説明したのであり、その点、彼が拘泥した国家化のプロジェクトは、公共体としての国家が、この公的承認の文脈を一元化しようとする試みに他ならなかったのであった。

このように一元化された「承認の文脈」の下、国家は「公益のために自己を律することを要求される唯一の主体」であり、そこでの議論のあらゆる負荷は「絶対者としての国家」が背負う反面、「公共性の回路」と関わりのない限りにおいて、私人は安んじて「負荷なきエゴイスト」として生きることができるのである。このような形での「国家の論理」に関する認識に立脚した上で、八九年以降の歴史的展開は、次のような事態を帰結するものであると、石川は診断する。

> 国家論の解体は、同時に、それまで国家が引き受けてきたすべての負荷の、解放を意味する。その結果、解放された負荷は、自ずと国家以外の主体、すなわち、個人、コミュニティー、自治体、企業、大学その他の国内の各種組織、さらには国際組織が、自律した公共圏として日常的に負わなくてはならなくなる。……もはや、これらの主体は、国家とかかわり合いをもたない場合でも、エゴイストとして安住しているわけにはいかなくなった、というわけである。［石川：55］

右の診断をさらに敷衍するなら、このような「解体」と平仄を合わせる形で現出する「市民の論理」

は、「可視化されない形で、公徳心と普遍性への要求を個々人に対して行い、自己拘束を分配する」事態を招来するものである。石川は、このような二つの要求それぞれへの反発として、「非政治の立場」と「アイデンティティの政治の立場」からするものを挙げているが、以下ではこれらそれぞれの立場からする〝反発〟の背景（問題）状況を、さしあたって「収斂」と「散乱」と名指し、さらに議論を進めてゆくこととしよう。

収斂

右の「政治的公徳心」の要請に対しては、「非政治の立場」からする反発への注意喚起が必要となる。国家から解き放たれた負荷は、結果として構成員各自へと分散し、人々に対しては「反エゴイスト」としての倫理＝「自己拘束」が要求されることになるのである。そこでは、もはや「公共性の回路」を独占するような形での国家（論）は存在しないのであるから、「回路」そのものを「私益による汚染から遮断すべく、非国家的主体による日常的な点検」が要請されるのである。かかる遮断・点検は、国家による規制が不在（deregulation）であるからこそ、殊さらに倫理／道徳的な「責任の地平」で語られるものと化してゆくこととなる。

このような形での「遮断・点検」を恒常化・義務化しようとするプロジェクトは、所謂（俗流解釈ともされる）「古典的な共和主義」と径庭を接するものでさえある。この間の経緯は、一九八〇年代以降に澎湃として沸き起こった英米圏を中心とする法哲学／政治哲学における共同体論（communitarianism）が、九〇年代に至って一層明確に共和主義（republicanism）への直接的言及を行うようになったことを思い合わせれば、判明であろう。そこでは、自由意思に基づき自律的な自己決定する個人の〝権利〟ではなくして、かように原子論的に遊離した個々人を〝責任〟の名の下、一様の紐帯へと《収斂》させることが目指されるのである[6]（以上の諸点に関しては、いま少し時間を置いて、次々項の「自己拘束と再分配」で改めて直示的に論じることとする）。

散乱——そして錯乱へ

次に、いまひとつの反発としては、「普遍性」要求に対して向けられるものへの注意喚起が必要となる。このような形での「普遍性志向」への対抗的ベクトルは、典型的には「アイデンティティの政治の立場」に見出されるものである。それは上述「市民の論理」の登場とともに、諸々の政治的主張・要求の私益／公益への「篩い分け」が、「自発的な自己点検」に依存し始めることへの危惧として浮上して来るものである。すなわち、そこでの「自発性」は、とりもなおさず〝善意〟に基づくものであるからこそ「無文法」である点に、その最大の問題点を抱えるのである[7]。このような形での「恣意性」を拭い切れないままに立ち現れて来る普遍的点検主体としての「市民」は、一面において、マジョリティの価値観の強化をもたらし、また少数者の特殊価値を抑圧する形で機能することを危惧されるに至るのである。

以上で述べたような「アイデンティティの政治」論の典型としては、多文化主義とフェミニズム（あるいは、ジェンダー／セクシュアリティの観点からするもの）を挙げることができるだろう。——多文化主義は、大方において、斯論のチャンピオンの一人たるウィル・キムリカが説くところの「社会構成的文化（societal culture）」を議論・主張の核としながら、かかる核の維持・発展を希求するものであり、先述の単一紐帯への収斂を一旦分解せしめた上で、さらに数多の特殊性への再収斂を個別に擁護しようとするものでもある。このような意味で、この一つ目の散乱現象は、帰結としての再収斂化を要請するものであるからこそ、収斂にまつわる問題性を根底的に共有するものでさえある。

また、散乱現象の今ひとつの典型である、フェミニズム、もしくはジェンダー／セクシュアリティの観点からする立場も、一方においては、強く個別のアイデンティティの特殊性に固着するものであり、少なからぬケースにおいて、それが人種やエスニシティといったカテゴリーを模倣する形での特殊主義的（particularistic）な主張を伴うものである点、注意を要する。もちろん、ここにおいても収斂現象におけるのと同様の問題性が共有されていることは言を俟たないのではあるが。

しかし、この領野においては、上記の散乱後の再収斂化を拒む形で散乱そのものをより一層押し進め、「錯乱」とも言える地点まで主張を貫徹しようとする立場もまた存在する。それは諸々の特殊主義的なアイデンティティにまつわる諸主張を下支えするカテゴリーの自明性そのものを疑い、その「構築性」を完膚なきまでに暴露せしめようとする言説群であり、そこでは同時にミクロな権力（pouvoir）の遍在性と、かかる権力への攪乱的（密猟的）抵抗が推奨されるのである。――以下では右の問題状況を踏まえた上で、それに対する処方に話を移してゆくことにしたい。

3　再分配と承認――「散乱」への処方

前述の「散乱」現象を引き取る形で議論を進めるなら、すでに一旦登場した「承認」の概念は、昨今の文脈においては、別様の内実を纏いながら別個の連関項を設定するものでもあり、例えばそれはナンシー・フレイザーとアクセル・ホネットの間で闘わされた「再分配か承認か？(Redistribution or Recognition?)」という二者択一的図式の中にも見出されるものでもある。(8)

この図式は、そのまま右の両者による著作名とも重なるものだが、その内容に従うならば、現在、一方ではジェンダー／セクシュアリティ、エスニシティなどをめぐってアイデンティティや差異の承認を求める闘争が活発化しており、そこでの「承認」の語はアクチュアルな社会運動を特徴付ける重要な概念となっている。他方で、グローバライゼーションの進展とともに経済的不平等の拡大は以前にも増して深刻化しており、「再分配」の問題は、従来よりも複合化した問題性を孕みつつ、改めて議論の俎上にのぼって来ている。

その際、フレイザーとホネットの双方がミニマムに共有している前提として、「承認を再分配に還元してはならない」という認識が挙げられる。フレイザーとホネットの間で交わされた論争を内在的に評価することが本章の目的ではないので、ここではその詳細には立ち入らないが、かかる共通認識は果たして妥当なものなのであろうか。

この点について正面から回答する前に、そもそも、承認、もしくは差異／アイデンティティをめぐる政治とは何なのかについて思考を巡らすならば、それらの行く手にあるのは、究極的には所属カテゴリーの「微分化」の徹底遂行であり、その帰結は（普遍と対比される意味での）個別的な特殊範疇の無限析出であるように思われる。上記ホネットは、一面において、右の事情をよく理解しており、そのフレイザーに対する批判の中で次のように論じている。すなわち、政治的公共圏の表層に躍り出て来ている社会運動は「公的に認知されたもの」だけであり、いまだ認知されざる可能的運動主体のアイデンティティは目に見えぬ深層に沈殿している、と。[9] このような「いまだ発見されざるアイデンティティ」の沈殿層への認識は、しかし、裏を返すならば、問題とされるべき新たに認知されるべきカテゴリーやアイデンティティが可能的には無数に簇出し得るということの証左であると見ることも可能だろう。

以上のような問題情況と密接に連絡する具体的事例＝語彙として、ここでは特に「当事者」、そして「物語」の語に注目してみることとする。[10] 近年において、このような情況が先鋭化しつつある領域としては、特に従来のフェミニズム思潮からさらに歩みを進めたジェンダー／セクシュアリティの観点からするもの、及び障害学（disability studies）にまつわる事例を挙げることができるが、以下では、それらにまつわるさらに具体的諸事例にも言及しながら議論を進めてゆくことにしたい。

まず「当事者」概念に関しては、最も典型的には社会学者・上野千鶴子によって提唱され、華々しく登場した「当事者主権」という思考枠組の存在が指摘される。上野によるなら、ここで言うところの「当事者」とは、「ニーズ（必要）」を中心としたオルタナティブな社会構想の主体であり、「障害者、女性、高齢者、患者、不登校者、そしてひきこもりや精神障害の当事者など」が、その具体像として列挙される。また、彼らを主体とする「当事者主権」は「代表制・多数決民主主義に対抗」するものであり、また、そもそも「代表制の民主主義にはなじまない」ものとされるのである。かかる思考枠組が全面展開された右記上野のマニフェスト的著作の末尾は、「全世界の当事者よ、連帯せよ」という高らかな宣言そのもので締め括られているが、[11] ここには何らの問題もないのだろうか。端的に言って、そもそも「当事者」という概念自体に対して根源的な疑義が存在し、この点に関しては、特に「障害」にまつわる文脈において、その問題性が鋭利に剔抉されている。豊田正弘によるなら、以下の通りである。[12]

個別の事情をより具体的かつ詳細に突き詰めて考えるなら、最後的には「本人」という全く個別具体的な当事者概念に突き当たらざるを得ない。最終的な当事者とは本人だけであり、その概念の個別性はだれとも共有をも許さない。さらに本人自身が果たして本人のことをどれだけ知りうるのかといった哲学的命題を考慮するとき、当事者でさえも自身のおかれている立場を理解することは困難である。狭義の当事者が自身の問題に関して唯一絶対の精通者であるというのは幻想である。ましてや、彼のみがその問題に関する回答を用意しうるなどと錯覚することは、彼自身の傲慢であり、周囲の無関心のなせるわざである。［豊田 :105］

ここには、「当事者」という概念そのものが、新たな「収斂」の核（particle）と化すのではないかという疑念、そして、さらに言うなら排除のモメントを胚胎しているのではないかという懸念が鮮明に看て取られる。また、ここで言う「個別の事情」は、人種（批判的人種理論）やジェンダー／セクシュアリティ[13]にまつわる形では、しばしば「物語（narrative, story-telling）」という枠組へと回収され得るものでもあり、そこでは特殊個別的経験の呈示が普遍的正当化に抗う形で、大いに称揚されさえするのである。

これらの「物語」は、管見するところ、おしなべて「公共性の回路をくぐりぬける」ために自らを「証し立てする（qualify）」ことには一様に関心が薄い。否、むしろ、かかる証し立て自体が普遍性を要請してくるものだからこそ、あえてそれを拒絶しさえするのである。しかし、「公共性の回路」は〝来る者を拒まず〟的に開放されているものではなくして、そこを通過しようとするものには自らを証し立てる義務が課されるのである。つまり、挙証責任は「回路」を管理する者ではなく、それを通過しようとする者の側のすべてに等しく存するのである。このような条件の下での「承認」の獲得は、各自の政治的資源の調達・投入を前提とした実存的企投の成否によるものであり、また、そもそも、かかる企投の成否自体が、ひとえに運動主体の virtù と fortuna に懸かっているのである。――ハンナ・アレントは、『人間の条件』において、枢要な位置を占める第五章「活動」の冒頭に次のような印象的な言葉を掲げている。すなわち、「どんな悲しみでも、それを物語に変えるか、それについて物語れば、堪えられる（All sorrows can be borne, if you put them into a story or tell a story about them）」と。確かに、この言葉は美しいものではあるが、しかし、アレント自身が重視した公共のアリーナでの「現れ appearance」にも満たない「承認」でさえも、それを獲得するためには、「物語」だけでは足りないのであって、その理由はすでに右の行論において示された通りである。[14]

次に、「当事者（主権）」や「物語」という視座にまつわる問題点として今ひとつ挙げられるべきは、その「反制度的志向性」であるように思われる。右の二つの如き視座においては、すでに見たように「主権」、あるいは「自己決定権」の如き法学的タームを用いながらも、法の枠組（法学的パラダイム）

自体を拒絶するという倒錯的身振りが、しばしば看取される。あるいは、代議制民主主義の否定においては、剝き出しの人民の如きもの（ヌキ身の主権）が無前提に立ち現れてくることが予定されていさえするが、かかる剝き出しの何者かが現実には存在し得ないことは（「革命」のモメントをスケジュールに織り込んでいるのでない限り）、いまさら贅言を尽くすまでもないところである。長谷部恭男が夙に指摘している通り「何の形式も手続も必要とせず行動しうる「人民」」などは夢想に過ぎず、唯一可視的な具体的な個々人が「主権的意志」を表明し得るのは、「憲法の定める形式と手続」に従うからこそ、なのである。憲法を頂点として整序された国法の諸体系によって「構成」されて初めて、「人民」は行為能力を獲得する［長谷部：140］。

以上のような「承認」の文脈から垣間見えるのは、公共性の回路に対する脱回路的、もしくはメタ回路的志向性とでも呼ぶべき態度であるが、しかし、回路はそのような動向には一向にお構いなしに厳然と存在し続ける。「承認」の文脈への過度の固執は、回路の存在へ正対することとはほど遠い仕儀でしかない。「承認」は直接的な「再／分配」とは違い、資源（resource）そのものの争奪をめぐって行われるものではなく、その点で限られたパイを奪い合う分配をめぐる闘争とは截然と区別されるものと考えられるかもしれないが、それは誤りである。たとえ個別の「承認」要求が、それ自体としては必ずしも端的な資源分配であるところの（国庫からの）財政支出を必要としないものであったとしても、そこではやはり「再／分配」に関わる重要なファクターが混入している。それは、「時間」である。[15] すでにホネットによる指摘として取り上げた事柄ではあるのだが、政治的公共圏において可視的な運動／カテゴリー／アイデンティティとして認知されることそのものが、公共性の回路において人々の注視を集めるなにがしかのスパンを持った時間と切っても切れない関係にあることはいまさらながらに言わずもがなのことだろう。以上において十分に明らめられたように、「承認は再／分配に還元されない」という言明は端的に誤謬であり、事態の的確な描写はその否定形（negation）においてしか表現され得ないのである。

4　自己拘束と再分配──「収斂」への処方

次に、積み残された連関項、「自己拘束と再分配」について検討を加えることとしたい。ここで俎上に載せられることとなるのは「収斂」現象である。すでに瞥見したように、私人へと分散される「自己拘束」（「一定の公徳心の維持ないし自己陶冶」）は、往々にして共通善（common good）の標榜、もしくは、より端的にコミュニティの維持・回復という様態で「収斂」へのベクトルを駆動させることとなる。しかし、前もって確認しておかなければならないことは、ここで問題とされるべき「収斂」が実のところ現実に存在するそれではない、ということである。なんとなれば、現実において「収斂」の紐帯が綻び切ってしまっているからこそ、強い「収斂」が求められるのであり、また、我々の「収斂」は、もはやあらかじめ失われたもの／希求さるべき「欠性」のものとしてしか存在し得ないからである。

本節の主題に踵を返すと、「自己拘束」の現実的発現形態である「公徳心」や「自己陶冶」は、「公民的徳性（civic virtue）」という資質に包含され得るものであるが、それは組み上げられた連関項の他端をなす「再／分配（re-distribution）」概念[16]との間で、いかなる関係を取り結ぶことになるのだろうか。

近年において、コミュニタリアンを端緒とする「共通善の政治」は、ジョン・ロールズの『正義論』の中でも特に、その権利基底的／自由志向的側面に対する批判を主戦場とした論争提起を行って来ており、そこでは一方において「共通善の政治 vs 権利の政治」という図式が、両者の対抗関係の基底をなしているとも言えるだろう［cf. Mouffe］。しかし、他方において、ロールズの『正義論』が内包する今ひとつの核心的内容、つまり、その平等志向的側面（分配的正義）、及びその制度的帰結としての「福祉国家」への対抗の位相も同時に存在する。その一端は、「分配主義的民主主義（distributive democracy）」が、「参加民主主義（participatory democracy）」の〝犠牲〟において達成されたという八〇年代末期の「認識」（Christopher Lasch）にも示されている。かかる認識の問題背景となる地域共同体の衰退は、「公共的討議に参加し、熟慮することと結合した徳性を行使する機会」の喪失として思いなされ、また、そのような思いなしの根底には、「市民性（citizenship）」が地域的諸制度の活性如何にこそ依存しているという意識が横溢しているのである［井上 :128］。そこでは、福祉国家における中央集権化（行政国家化）や専門家支配（ソーシャルワーカーによる介入等）の進展により、地域自助や自治の伝統によって支えられてきた中間共同体が衰微するに至ったことが嘆かれることとなるのである。

しかし、右に挙げたような〝犠牲〟の認識からすでに二十数年になんなんとする歳月を過ごした我々において、かかる「地域的諸制度の活性」、もしくはそれに依拠する「市民性」を損なっているものとして名指されるべきは、果たして「自己拘束」を強調する側が以上のような経緯で論難して来たリベラリズムなのであろうか。

ここでは、現在における〝地域コミュニティの衰退〟を特徴付ける事例を、第一章でも取り上げられたマイケル・サンデルに再登場してもらう形で考えてみたい。彼は『民主主義の不満（*Democracy's Discontent*）』と題された大著の終章において、細かな具体例を挙げつつ、アメリカ合衆国における地域コミュニティの衰退に強い警鐘を鳴らしている。その見立てによるなら、問題の根源は、所得／資産格差の拡大・深化に留まらない〝新しい形の不平等〟が「生活様式の分離」をさえもたらしている点に存するのである。その実例としては、近年、郊外からもさらに離隔した地域（exurbs）に陸続と現れている所謂「城壁都市（gated-community, privatopia）」や、あるいはウォルマートを代表とする巨大ショッピングモールによる地域共同体の浸食／荒廃などが挙げられる。[17]

右に見られるような諸々の「病理現象」は、一面においてリバタリアニズムの最左翼に位置する無政府資本主義（anarcho-capitalism）のモチーフ（＝規制緩和と民営化）を全面的に開花させたものでもあるが、現在においてそれは新自由主義（Neo-Liberalism）と呼び慣わされるものであり、また同時にグローバライゼーションという激流の直中に観察される現象でもある。上述の「新自由主義」及び「グローバライゼーション」のそれぞれは、一種のマジックワードとしての特質を有しており、それらの意味するところは文脈に依存する形で多義的ではあるのだが、しかし、本節の脈絡に沿った形で、それらを検討するならば、両者の要素中、ここで最も強調されるべきは経済的側面に関するものである筈であろうと思われる。

すなわち、ここで「自己拘束」を強調するコミュニタリアンが嘆き哀しむ「共同体の破綻（収斂の喪失）」は、歴史／文化的次元における詠嘆的な観点からではなく、実体経済の現実によって形作られる深刻な再／分配問題、そしてその帰結としての〝凄惨な現実〟[18]へ正対する形でこそ検討されるべき事柄なのである。このような剝き出しの現実は、単なる参加の強化や魂への配慮を叫ぶ「精神論」だけでは治癒され得ないだろう。アリストテレスやアレントを読んで「自己拘束」の重要さを学んだところで、プライベートピアからの徴税問題の解決や大規模小売店の出店に伴う地域小売商店の壊滅への直接的処方を得ることは難しそうである。

以上のような形で所謂コミュニタリアニズムと牽連する形で前景化される「自己拘束」という視角の問題性は、本章のモチーフである「市民的なるもの（市民的公共性）」との関連では、次のような形の表出にも看て取られることが附言される。

少数の者が参加する公共圏が民主政を支えているからこそ、少数者になることのリスクを減らす必要がある。アレントが現代における政治への参加者として想定していたのは、生活に不自由のない富裕層ではない。日常的な社会の不公正に耐えられなくなって、どうしても異議申立てをしたいという人々だ。「臆病者」こそ「本来の意味の勇気」をもてると彼女は言う。この勇気があっても世界は多分変わらないだろうが、それがなければ世界は絶対に変わらない。憲法は、臆病者の勇気をくじかず、促進するインセンティブを与えなければならない。民主政を支えているのは、普通の人々ではなく、市民的自由を行使する変人である。そして、誰もが「市民」に、つまり変人になれることを保障するのが憲法の重要な役目である。［毛利 :24-25］

ここでは、やはり「勇気」を揮う「市民」が、ごく積極的な「自己拘束」のロール・モデルとして描出されているのだが、かかる「市民」が、上述縷々述べて来たような諸病理現象に対し、経済的観点＝再／分配問題への正対を欠いた形で何ほどのことを成し得るのかは、はなはだ心許ない。さらに言うなら、ここで毛利が強く推奨する「臆病者」もしくは「変人」は優れて正しく「人民の敵（En Folkefende)」でしかないのである。イプセン[19]においてそうであったようにストックマン医師の如き「変人」は正当裡にも人民による制裁を受けることとなるだろうし、基本的にそれは嘉すべきことであるように思われる。「正義はなされよ、世界は滅びるとも（Fiat justitia, pereat mundus）」式の幼児的願望は、優れて正しく金勘定に煩悶する大人の悩みとは無縁のところに位置するのである。

三　それで？

以上の議論を簡単に整理しておくならば、本章における主張が極めて単純なものであることは容易に確認されるだろう。すなわち、ここでは上述〝三幅対〟の「勝ち抜き戦」が行われたのであり、その勝者は「再／分配」である。

これまでの行論からすでに明らかなように、本章においては、「市民的公共性」もしくは「市民的なるもの」から派生する形で現在において立ち現れている（現れつつある）諸現象に対しては、明確に批判的な立場を示した訳だが、かかる立場に伏流する問題意識は、本章冒頭近くにおいて言及した〝ある種の態度〟に関わるものでもある。この態度とは、具体的なオルタナティブを指し示す「制度」にコミットした形での「国家（論）」や「権力（論）」を、あくまでも「抵抗」の対象と思いなすような、もしくは「抵抗」の文脈のみからしか見遣らないような態度を指す。

この点については、憲法学者・高橋和之が「抵抗／制度」という形で極めて滋味深い対立項を呈示していることが注目に値する。高橋は、「「戦後憲法学」雑感」と題した小文中、題名通りに「戦後憲法学」を批判的に検討した上で、これまでのように何がなんでも「抵抗」一辺倒であった憲法学のあり方に批判的視線を向け、「権力を我々のものとして引き受け、それを行使するための制度と運用を構想する視点」の重要性を説いている。従来の「市民」論に決定的に欠けていたのは、このような視点であって、かかる態度が浸透せられない限り、本章で示された三連関項のプロブレマティークを解きほぐす、「国家」や「権力」に真っ向から正対した議論は永遠に不在であり続けることだろうし、また、かかる覚悟がない限りにおいて、「市民」という言葉に相応しい応答は、本節の表題通り「それで？（So what?）」でしかないのである。

最後に今ひとつだけ本章において積み残された課題について触れておくと、以上のような問題情況を考え抜いてゆく上で、そもそも「国家」論の直接対象たる「国家」そのものが、現今においていかなる状態に置かれているのかに思いを致す必要がある。このことは、すでに触れた国家（論）の「融解」現象と相接する議論の系を形作るものであり、それは端的に所謂「グローバライゼーション」の文脈から解明されるべき事柄である。

第三章　グローバライゼーションと共同体の命運

一　グローバライゼーションとは何か

グローバライゼーションをめぐる近年の動向に目を向けるなら、我々はそこに、次のような《ねじれ》の構図を看て取ることができる。すなわち、「かつて国際主義を絶賛し、体制に批判的であった人々がナショナルな空間の再構築を唱え、他方では外圧を批判した保守派の人々は民営化や規制緩和を主張してグローバリズムを支持している」という、一見、奇妙な構図である〔伊豫谷 :116〕。本章では、まず、このような形で描き出されるグローバライゼーションとは、いったい何であるのかという点に関し、早くからグローバライゼーションに関する議論を展開してきた伊豫谷登士翁の所説に沿って、簡単な整理を施してみることにしたい。

伊豫谷によるなら、グローバライゼーションとは、次のような諸特徴を有するものとして描き出されるものである。――①政治／経済／メディア／文化（マクドナルド化）の既成の国境を越えた融合、②民営化・規制緩和・標準化（global standard）、③共同性の楔を取り去った高度成長〔伊豫谷 :13, 50〕。

以上のような諸特徴から、グローバライゼーションを既存の国家主権の「解体／融解現象」として、あるいは、非国家主体（ex. NGO）による「役割代替現象」として捉える見方も存在する。このような見方の最も先鋭的な形での発露は、国家機能の不全による「国家の退場」論に看て取られるが、果たして、それは事実に即したものなのだろうか。この点について、仔細に眺めてみるなら、現実は、国家主権の「解体／融解」などではなく、むしろ、その〝再焦点化〟へと向かっているように思われるのである。以下では、このような〝再焦点化〟論を支持する論者として、国際法学者のアン・マリー・スローターと社会学者のサスキア・サッセンの議論を取り上げてみることにしたい。

スローターによる、かかる議論の端緒は、*Foreign Affairs* 誌に掲載された論文の中に看て取ることができるが、その第一節は、そのものズバリ「国家の逆襲（The State Strikes Back）」と題されている。[1] そこではまず「リベラルな国際主義（Liberal Internationalism）」に対するオルタナティヴとして提出された「新しい中世論（New Medievalism）」への反駁が行われる。この「新しい中世論」は、国家から「超国家（supra-state）」へのパワー・シフト、そして、国家に対する非国家アクターの役割代替を主張するものである。しかし、彼女によるなら、このような議論には二つの欠点が存在する。

第一に、プライベート・パワー（非国家主体）は、国家権力の代替物たり得ていない。スローター自身による事例を引くなら、熱帯雨林を破壊したり、児童を搾取する労働を強制したりしているトランスナショナルな企業の製品を消費者がボイコットすることは「周縁（periphery）」においてはインパクトを持つかもしれないが、ほとんどの環境運動家や労働運動家たちは、一定の「領土（領域）」内に存在するトランスナショナルな企業のブランチを統御する「国内立法」の方を選好する。

第二に、このパワー・シフトはゼロサム・ゲームではない。非国家アクターが力を増すことは、必ずしも、国家主体のパワーの減衰を意味するわけではない。むしろ逆で、これらのＮＧＯネットワークの多くは、彼らの国外におけるカウンターパート（問題発生国の国内政府諸機関）とともに伝統的な「国内政治のレバー」に対して圧力をかけようとするのである。このような形で描き出される「新しい世界秩序（A New World Order）」の下では、国家は消滅しつつあるものとしてではなく、「機能的な複数のパーツ（functional parts）」へと「脱集積化＝分散化（disaggregating）」されたものとして描き出されるのである。ここでいう「機能的な複数のパーツ」は、「裁判所・規制諸官庁（regulatory agencies）・執行府、そして立法府」を指している。現実には、これら「複数のパーツ」が海外のカウンターパートと濃密なネットワークを構築し、「トランスガバメンタルな秩序」を形成しているのである。

次にサッセンの議論を簡単に見てみると、[2]「経済的グローバライゼーションが、事実上、国民国家のある種の要素を強化してきた」ことに関しては、理論的・政治的にもコンセンサスが存在し、ここで言う「ある種の要素」とは「公的統治機構」の謂に他ならない。この点で、グローバライゼーションは、従来の国民国家の内部で、「立法行為、裁判所の決定、行政命令を通じ、依然として国家領土にあるグローバル資本に権利を与えるのに必要な機構の発展に深い関係を持つもの」となっているのである。

右のような形でのグローバライゼーションに対する把握を前提とした上で、以下では、その重要なモメントを構成する「規制力（regulatory power）」について考えてみることにしたい。ここでは、まず、「規制」主体としての政府＝国家（諸機関）の〝再焦点化〟という側面に注目してみよう。

再び、スローターによるなら、彼女は、政府諸機関による規制様態を「規制の網の目（the regulatory

web)」と呼んでいる。このような網の目を構成する（先述の）トランスガバメンタルな活動が最も濃密なのは、「国家規制主体（national regulators）」に関わる分野であり、例えば、「独禁法・証券取引監視・刑事政策・銀行保険監督」などが、それにあたる。このネットワークは「新しいルール」の普及を目指すものであるが、かかるルール創出の目的は「国内法のエンフォースメントを促進する」点にある。伝統的な国際法が諸国家に対して、国際法の内容を国内法に編入する形で履行させようとしてきたのに対して、トランスガバメンタルな規制は、すでに個別の国家が国内において規制している問題に関するグローバルなルールを創出する。例えば、そこでは、テクノロジーの発展や移動の増大によって規制の難しくなった分野（犯罪・証券詐欺・汚染・租税回避）に関して有益な協力を調達することができるようになるのである。

以上のような「トランスガバメンタルなルールの創出」に関連して、サッセンは、「国家の諸機関を通じた新たな規範の装置化」を眼目とした議論を提唱している。彼女自身の言葉を引くなら、経済的グローバライゼーションは、一面において多くの政府機関を弱体化させながらも「国民国家のある種の構成要素、とくに財務省のような国際的金融機能と結びついた省庁を強化してきた」のである。このように国民国家の政府の特定の構成要素がグローバル経済下の「統治（governance）」に関与する限りにおいて、市民にはグローバル経済に対して「権力を行使する余地」が残されている、と言える。もし、グローバル経済が完全に既存の国家の「領土」や「制度」の外部で活動／存在するなら、「民主主義的権利の行使を国家制度に限定された市民」は、グローバルな行為主体に「アカウンタビリティ」を要求する回路を持たなくなってしまうのである［Sassen: 訳 13］。

以上の諸点を簡約するなら、グローバライゼーションとは「国家の退場」などでは毛頭なく、国家主権の〝再焦点化〟として理解されるべき現象なのであり、また、そこでのグローバライゼーションは、「規制力」という観点から、「市民」によるデモクラティックな統制とそれに対するアカウンタビリティという古典的な命題とも、密接かつ重大な関係を持つものとして描き出されることとなるのである。

二 「規制緩和(deregulation)」の立法史

本節では、経済的側面におけるグローバライゼーションのインパクトを、前節末尾の「規制力」とは反対のベクトルを有する「規制緩和(deregulation)」という観点から素描することとしたい。「規制緩和」の潮流は、「福祉国家的リベラリズム」に対する「リバタリアン的な市場主義」の興隆という思想史上の転回とも重なり合ったものと見ることができるが、その具体的展開は、一九八〇年代に先進諸国で相次いで起こった「小さな政府」への潮流に端を発している。このような流れが我が国で本格化するのは「日米構造協議(Japan-U. S. Structural Impediments Initiative Talks)」以降であり、この二国間協議で特筆すべき事象としては「大店法規制の撤廃」が挙げられる。

この規制撤廃の結果、郊外に大型量販店(Shopping Center:SC)が次々と出店し、地方都市中心部などの小売商店街が壊滅的打撃を受けることとなり、現在問題となっている各地の「シャッター商店街」が発生したという指摘もなされている。その後、二〇〇一年から六年間の長きにわたった小泉政権の下で、いわゆる「構造改革」が進展してゆき、規制緩和は一旦ピークに達したと見ることもできるだろう。ここに至って、「共同体」にまつわる、従来とは根本的に異なった形での情況認識が発生してくることとなるのである。すなわち、それは単なる「郊外化の進展」や「地方の荒廃」に留まらない「社会の底が抜けた」[cf. 宮台]という情況認識の発生である。

「大店法規制の撤廃」による規制緩和が、地域コミュニティに深刻な影響を与えているという問題意識は、アメリカにおいてはすでに早い時期から存在していたのだが、[3]これはすでに触れた通り、「ウォルマート的なるもの」の脅威とでも標語化されるべきものである。サンデルによる批判的筆致の背景には、郊外のスプロール化と、そのような状況を悪化させるグローバル・リテイラーへの反感があると見ることもできるだろう。[4]以下では、このようなグローバル・リテイラー／ウォルマート的なるものが、いかにして展開していったのかを我が国の法制度の側面、つまり「規制緩和の立法史」という観点から検討してみよう。

近年の我が国における郊外型大規模ショッピングモールの隆盛は、先述の大店法規制の緩和以降に見られるようになった現象であるが、このような形での「流通分野における大規模小売業者の参入規制」の歴史的淵源は、[5]「統制経済法」として一九三七年に制定された「第一次百貨店法」にまで遡るものである。その後、第二次世界大戦を経て後の「国制」の転換に伴い、「競争制限的な統制経済から市場メカニズムを重視する競争経済へ」という観点の下、独占禁止法が制定され、それに随伴する形で一九五六年に改めて「第二次百貨店法」が制定された。しかし、六〇年代の高度経済成長を経て、スーパーマーケットという形での新しい小売業態が出現することとなり、後者は当該規制法の適用の網の目から逃れ出ることとなったのであった。この間の消息は大江健三郎の『万延元年のフットボール』（一九六七）の中にも見出すことができ、そこでは次のような記述がなされている。

……とくにスーパーマーケット問題がそうですよ。村の商店は、一軒だけ酒屋兼雑貨屋のそれも酒屋の部分が潰れないでいるのを除けば、谷間に進出して来たスーパーマーケットの圧力で総崩れになったんだが、商店の連中はそれに対して自衛しなかったばかりか、いまはたいていの連中が、なんらかの形でスーパーマーケットに借金をためていますよ。借金が払えなくなったあげくの収拾不可能の頂点で、スーパーマーケットが忽然と消滅して誰も借金の催促に来ない、というような奇蹟を期待しているんじゃないかね？　たった一軒のスーパーマーケットが昔でいえば村ぐるみの逃散しかないようなところに、谷間の人間を追い込んでしまったんだなあ！［大江 :109］

このような形で、ごく早い時期から「ウォルマート的なるもの」の萌芽を目撃しつつあった状況の中、それまで規制のくびきに縛られてきた百貨店の側から「スーパーマーケットは「疑似百貨店」である故、規制対象とすべし」という主張がなされるようになった。これを承けて一九七三年に新しく制定されたのが「大規模小売店舗法（大店法）」であり、当該規制法は、以後二十年以上の長きにわたって大型小売店の出店を規律することとなったのである。

しかし、本節冒頭でも触れた通り、ＯＥＣＤによる勧告をはじめとする八〇年代からのグローバルな「規制緩和（deregulation）」の潮流の中、一九八九年から行われた日米構造協議を契機として、この大店法はＷＴＯをも巻き込んだ形で国際的な改正圧力を受けることとなった。その結果、一九九八年に「大店立地法」・「中心市街地活性化法」の制定、並びに「都市計画法」の改正が行われ、所謂「まちづくり三法」が成立するに至ったのである。ここにおいて、巨大ショッピングモールは、出店規制のくびきから解き放たれ、日本全国の郊外へ陸続と展開して行ったのだった。

「まちづくり三法」は、一般的に「コンパクトシティ」を目指したものとされているが、この「コンパクトシティ」という概念は、行政法学者・大橋洋一によるなら「無秩序に拡散した既成市街地や他方で衰退する中心市街地を視野に入れた上で、人口減少社会の進展を念頭に置いて、歩行可能な生活圏を想定したコンパクトな街づくりを将来的に目指してゆく構想」であり、換言するなら、「拡散型既成市街地を一部撤退してゆく構想」でもある［大橋:42］。

この「三法」は、①中心市街地活性化法、②都市計画法、③大店立地法から成るものだが、現実におけるそれらの運用を観察してみるなら、「規制権限」が市町村に留保されているため、開発意欲の強い市町村によって土地利用規制が極度に緩和されたり、あるいは、立地に関する届け出の九〇%近くが受理されたりするなど、土地利用に関する規制そのものが極めて弱いものとなっていたことが分かる。上記三法は、二〇〇六年に改正されたが、規制が強化される直前の駆け込み着工・出店ラッシュが起こり、二〇〇九年末には全国のＳＣの数が、とうとう三〇一三店舗と、三千の大台に乗ったことも注記される。(6)

約言するなら、ここでは、以上のような形で描き出される「規制の弱さ」こそが、適切な都市計画を実施してゆく上での強力な妨げになっていることが看て取られるだろう。我々が「共同性」を維持・

展開する具体的な「場（locus）」たる「都市」の構造をプランニングする際には、「規制力」の重要性について注目する必要があるのではないかという問題意識が、ここに前景化されることとなるのである。

三　規制の「公共性」の再定位

次に、以上のような「規制力」如何の問題を、「強すぎる土地所有」と「弱すぎる規制（弱い公共介入）」という観点から論じたものとして、英米法学者・寺尾美子の研究が参照される。(7) 寺尾は、土地利用規制に関する日米比較を行っているが、その内容は以下の通りである。

アメリカにおいて近代的な都市計画を遂行してゆくシステムの起源は、二十世紀初頭に普及した「ゾーニング制度（zoning）」に求められるが、それに先だってすでに十九世紀以来、都市計画の結果生じた「開発利益」に関しては「公衆のお金を費やして行われる事業によって特別の利益を受けた者がいる場合には、政府はこれを吸収する義務がある」という「特別負担金（special assessment）」の制度が存在して来た。そのような制度を前提とした上で、「ゾーニング規制」の内容を見てゆくと、この規制は「都市化の進行に伴う土地利用の混在と過密化をコントロールするために、都市をそれぞれのゾーンに分け、それぞれのゾーンごとに、異なった用途規制、密度規制、高度規制などを行うもの」として定義されるものである［寺尾 :107, 109-110］。

我が国でも、戦前は、関東大震災後に内務省の強力な主導により、従来の密集住宅地を一掃した形で、現在の山の手の良好な住宅地を含む「安全なまち」をつくるなどしたが、戦後になると、いちおう「都市計画法」や「建築基準法」による規制は存在していたものの、現実には計画性を欠いた濫開発が横行することとなった。上記アメリカとの大きな相違点として、我が国では、「都市基盤となる道路」の整備に関して、基本的に「公共」の側が負担・整備するという立場が取られたため、道路整備によって発生する「利益」は「公共（public）」の側には還元されず、「私（private）」の側に滞留することとなったのである。その後も、一九六八年に都市計画法が大改正され「開発許可制」が導入されたものの、結果としては「規制逃れ」が横行しただけであった［寺尾:110-116］。

以上のように、我が国の「土地所有」の形態は、「社会的費用を発生させる土地利用の転換（高度化）を、その費用を負担することなく行う権利を内包してきた」のである。こうした「強い」土地所有を前提として作り出された都市は、「都市的土地利用のための基盤が貧しい、高い地価にもかかわらず有効利用されれない土地からなる」ものとなった。このように、我が国における土地利用規制のあり方は、都市基盤を創り出す上で、それを望ましい方向へと導いてゆくような「決定」がし難い構造になっている点にその特徴がある。要するに、都市における「土地利用を向上させる決定」について、きわめて取引コストが高くつく仕組みとなっているのである［寺尾 117-118］。

以上のように「計画で意図したとおりに〝まち〟ができない」という現象の原因に関しては、①強い土地所有の結果としての弱い公共介入にあるのか、それとも、②弱い公共介入の結果としての強い土地所有にあるのだろうか、という大きな疑問が立ち現れて来ることとなる。このような問題意識へのひとつの回答として寺尾は、上記①を推定する。学説・判例よりも社会の現実に対してセンシティブな「行政」の側が、「強い公共介入の必要性」を認識しなかったというよりは、むしろ「公共介入を受け入れようとしない土地所有意識」を敏感に察知したのではないかという推定が、ここでは働いている(8)［寺尾 :122, 125］。

以上を承けた形で、「日本のデモクラシーは、被治者である人民が同時に治者であるという、治者と被治者が一致した状態、つまり自己統治に達していない」ことが慨嘆されるに至るのであった。そこでは「公」は「われわれ」とは認識されず、公共設備を整備する権限・責任が専ら「お上＝官」の側にあると認識される限りにおいて、以上述べて来たような問題は解決しないままに残されるのである［寺尾 :134］。寺尾は、このような問題状況の解決策として、「市民としての参加」の重要性を説くのだが、視点を変えるなら、これは「権力の過少性問題」でもあるように思われるのである。すなわち、「規制主体としての国家の再焦点化」という本章冒頭以来の問題意識である。このような観点に立つなら、「強力な規制権力主体」がなければ、「共同体（community）」の物理的基盤さえ維持・改良することができないという帰結が導き出されることになるのではないだろうか。

以上からは、先に述べたような郊外型大規模小売店舗（SC）の過剰出店と、それに相関する地域コミュニティの崩壊傾向からは、国際小売流通というグローバルな側面のみならず、国内における「権力配置」如何に関わった問題であることが導き出されるように思われる。つまり、冒頭の問題意識に戻って、グローバル化の下でこそ、「国家主権＝国家権力」が〝再焦点化〟されることとなる。このような観点からすると、グローバライゼーションの下での「共同体」に関して思いを致すなら、市民の「自由な連帯」＝コミュニティを守るためにこそ、「権力的介入」による「強制」が必要とされるというパラドックスが出来《しゅったい》することとなるのである。

第四章　共同体と徳

一　端緒

本章は、二〇〇九年七月から二〇一〇年一月（自民党・麻生政権末期から民主党・鳩山政権初期）まで、経済産業省で行われた「オルタナティヴ・ヴィジョン研究会」の報告書的色彩を持つ『成長なき時代の「国家」を構想する』に寄稿した文章を加筆修正したものである。

この研究会では、「日本が中長期的には低成長社会になる」という仮想シナリオを前提とした上での「経済政策のオルタナティヴ・ヴィジョン」について、様々な観点からの討論がなされたが、そこでの議論の多くに共通していたのは、狭義の経済政策の枠内には収まり切らない「国家構想」一般への志向性であった。また、この際、重要な論点のひとつとして「共同体」の観念が繰り返し議論の俎上にのぼったことも注記される。

本章では、以上のように「国家構想」をも包含する広い射程で討議の対象となった「共同体」をめぐる問題系について、まずは筆者の専門である法哲学領域の知見を用いながら簡単な図式化を行い、次にそれが現代日本の文脈において、いかなるレレバンスを有するのかを、研究会においても紹介し、かつ議論の的となった社会学者・宮台真司の著作『日本の難点』(幻冬舎新書、二〇〇九年刊)を素材に採りながら見てゆくこととしたい。後述するように、この宮台の著作は、対米関係を含む広義の安全保障(国土保全)をコミュニケーション論・メディア論・教育論など多岐にわたる現代日本論と結節させた形で論じたものであり、現代日本が抱える病理的諸徴候への包括的な処方箋を理論と実践の両面から力強く描き出したものである。

また、この著作は、本章の主要モチーフである「共同体」観念に関しても、法哲学(もしくは現代政治哲学)への言及を含む形で、極めて興味深い議論の展開を行っており、新書という体裁ながら、真摯な学問的検討に値するものであるように思われる。——本章末尾では、以上のような議論を経た上で、すでに検討に付された「共同体」論と、宮台氏の議論に通底するひとつの重要な論点として、いわゆる「徳/virtue」にまつわる問題系の素描を行うこととしたい。

二　現代アメリカ政治思想からのパースペクティブ

前提としての理論的展開

すでに触れた通り、法哲学において「共同体(community)」をめぐって展開されてきた問題系は、端的に「共同体論(communitarianism)」と呼ばれるものであるが、そのような思潮が登場するに至った思想史上の発端は、一九七一年に刊行されたジョン・ロールズの『正義論(*A Theory of Justice*)』まで遡る。ごく圧縮した形で言うなら、ロールズは、この著作において、基本的人権をカタログ化して憲法典に充塡した「立憲主義」体制に優越的地位を与えつつ、その下で社会経済的不平等に関する分配原則を提示している（正義の二原理）[1]。また、このような形でロールズが示した「正義論」は、その後、課税と給付を通じた公正な再分配を行う「福祉国家」を理論的に下支えする議論を展開したものとして受容されて来たと言えるだろう[2]。

ロールズ以降の英米圏の法哲学における論争は、彼を参照しつつも、それに攻撃を加え、各自の主張をロールズから逆照射される形で展開してゆくこととなった。一般的に、このようなロールズを基点とする現代英米圏の法哲学・政治哲学を「正義論」と呼ぶが、それは、以上のような経緯を踏まえ、いささかの揶揄の意味合いも込めて「ロールズ・インダストリー」とも呼ばれている。

このように長らく議論の「土俵」自体がロールズその人を批判的参照点としてきた点で、彼自身、現代リベラリズムのチャンピオンとしての座を占め続けてきたと言えるわけだが、しかし、その後、このチャンピオンは、様々な挑戦者から論争のリングへの招待状を受け取ることとなったのである。

第一の挑戦者は、ロールズにおける「平等論（egalitarian）」的傾向を批判し、「平等」ではなく「自由（Liberty）」そのものを重視すべきことを主張する「リバタリアニズム（Libertarianism）」である。その嚆矢としては、早くも一九七四年に『アナーキー・国家・ユートピア（*Anarchy, State and Utopia*）』でロールズ批判の舌鋒を鮮明にしたロバート・ノージックが挙げられるだろう。リバタリアンは、基本的に「国家」による「社会」領域への介入（端的には、「課税を通じた再分配」）を縮減し、「市場」に任せる余地を広げるべきであることを主張する。要するに「民営化（privatization）」の促進である。

また、そのような立場の極限形態は、「無政府資本主義（anarcho-capitalism）」と呼ばれるものであり、そこでは国家機能のすべてを市場に委ねるべきであること（完全民営化）が主張されるに至る。このような「市場万能主義」的思考様式をアイロニカルな形で文化的表象へと投影した事例としては、一九八七年にアメリカで公開されたポール・バーホーベン監督のSF映画「ロボコップ」が挙げられるだろう。[3]この映画では、殉職した警官の遺体を利用したロボット警官（Robocop）が登場するのだが、そこでは、警察組織自体が架空のコングロマリット企業・オムニ社（Omni Consumer Products）によって運営される民間企業体の一部をなしており、作中においては、伝統的に政府が担ってきた役割が私企業に取って代わられることへの恐怖が、バーホーベンらしい陰惨なタッチで描き出されている（設定ではオムニ社がミシガン州デトロイト市全域を支配している）。

一見、夢物語かとも見紛う、この「無政府資本主義」は、しかし、ノージックの「最小国家（minimal state）」においてさえ国家が果たすべき役割として留保されていた「国防」機能が、二〇〇三年からのイラク戦争において「民営軍事請負企業（Privatized Military Firm）」[4]にアウトソーシングされていた事実に目を向けるなら、あながち机上の空論でもないことが理解されるだろう。

第二の挑戦者は「共同体論」である。この立場の典型的論者としては、マイケル・サンデルを挙げることができる。サンデルは、一九八二年に出版された『リベラリズムと正義の限界（*Liberalism and the limits of justice*）』において、純理論的かつ内在的な観点からロールズのリベラリズムに対して仮借ない批判を加え、さらに続く著作『民主主義の不満（*Democracy's Discontent*）』（一九九六）では、リベラリズムに対するオルタナティブな政治構想としての「共和主義（Republicanism）」を提唱するに至っている。

サンデルは、この第二の著作の中で、アメリカ合衆国の憲法判例、および経済政策を実証的・歴史的に分析しながら、「リベラリズム」が「共和主義」に対して優勢を誇ってゆく歴史的推移を批判的に描き出している。実のところ、思想史上の「共和主義」概念はいささか複雑な履歴を有するものなのだが、[5]ここでは本節のモチーフである「現代アメリカ政治思想」の文脈に限った形で、サンデルが言うところの「共和主義」にごく大雑把な単純化を施すなら、それは大略以下のような特徴を有するものとして描き出される（以下、リベラリズムと対比する形で説明を加えておくことにしたい）。

すでに冒頭で触れたロールズのリベラリズムであるが、その思想内容は、福祉国家を下支えする分配的正義に関わる側面とともに、ある種の「世界観（国家観）」に関わる側面も併せ持っている。それは通常、〈「正（right）」と「善（good）」の区別〉と呼ばれるものである。そこでは、万人が同意してその制約を受ける公共的枠組としての「正」と、この「正」の枠組を踏み越えない限りにおいては何らの制約も受けない、個々人が自由に追求するものとしての「善き生の諸構想（conceptions of good life）」（＝「善」）とがはっきりと区別される。要するに、リベラルな政治構想の下では、国家は、最低限のルールだけを定め、その矩を越えない限りにおいて個々人がいかなる「人生の設計（plan of life）」を追求しようと関知しない。リベラルな国家は、特定の「善」を禁圧もしなければ、促進することもなく、ただただ「中立的」なのである。

このような一種の価値多元的状況を前提としたリベラリズムに対し、サンデルに見られるような「共和主義」下の政治共同体（＝国家）においては、特定の「善き生の構想」が、そのメンバーの全員に共有されるべきであり（「共通善（the common good）」）、またこのような共通善を実現するために各人が行使すべき「公民的徳性（civic virtue）」を国家が積極的に涵養しなければならないことが説かれるのである。

ところで、ここまで論じられてきた「共和主義」と言う際のRepublicの語は、「公共の事柄」を意味するラテン語《res publica》に由来しており、そこでは、自由で平等な市民が、積極的に政治参加して公共の事柄について討議し、かつ決定を下し、それを実行することが想定されている。ここでは、ある特定の「善の構想」に立脚した人間像（政治的人間）が想定されている点で、国家は決して中立的ではない。例えば、そこではおそらく「ひきこもり」は政治的に禁圧（少なく見積もっても忌避）されるべき対象となるだろうし、逆に積極的に公的領域へと進み出てゆく人間は大いなる祝福を受けることとなるだろう。

アメリカ合衆国政治史における「共和主義」モチーフの横溢は、古典古代期のギリシャ・ローマへと遡ろうとする強力な意思によって裏付けられているが、それは、政党としての「共和党（Republican）」の名称に刻印されているに留まらず、上院の名称（Senate）がローマの元老院を意味するSenatusに由来していることからも明らかであろう。[6]——『フェデラリスト・ペーパーズ』におけるギリシャ・ローマへの頻繁な言及から、ジョージ・ルーカス監督の「スター・ウォーズ」における「悪の帝国軍（Galactic Empire）」対「正義の共和国軍（Galactic Republic）」という勧善懲悪図式（ジェダイの騎士は共和主義者?・）に至るまで、共和政ローマ（そして、ギリシャ）への追慕の情は、一面において、自らの歴史の浅さを補おうとする強迫観念を露呈させつつ、他面において、それは自らの政治共同体のアイデンティティに関わる、広く、そして深く浸透したひとつの傾向性を示してもいるのである。

サンデルにおける政治構想としての「共和主義」は、以上のような歴史的背景を孕みつつ、すでに述べた「公民的徳性」の涵養を説くものであり、かかる徳の育成は、国家が積極的に担う責務として「陶冶のプロジェクト（formative project）」と称されるのである。

政治・経済的コンテクストの日米比較

さて、ここで、以上のような形で概観された二十世紀中盤以降のアメリカ政治思想史の潮流を現実の政治・経済的コンテクストと引き較べてみるなら、「福祉国家的リベラリズム」に対する「リバタリアン的な市場主義」の興隆という思想史上の転回は、すでに見た通り、一九八〇年代に先進諸国で相次いで起こった「小さな政府」への潮流と重なり合うものである。最も典型的には一九八〇年代のサッチャリズム、(7)レーガノミックス、(8)中曽根民活(9)などを想起すれば良い。

このような「小さな政府」への趨勢の中、市場に対する国家規制の緩和（deregulation）を推進してゆこうとする動きは、例えばアメリカでは早くもカーター政権下で始まった「航空自由法」（一九七八年）に基づく航空業界の規制緩和に見出すことができる。

我が国に目を転じてみるなら、周回遅れでアメリカと同様の道筋を辿っているようにも見ることができるだろう。高度経済成長期以降の自民党政権下における「都市から地方へ」の富の均霑（再分配）は、比較政治学的には困難な課題である「民主化を進めながら平等なる成長を達成」しようとする「平等論」的な志向性を強く持った試みであったが、一九九三年には、細川政権下において、先述のカーター政権による規制緩和に影響を受ける形で、国内における経済規制の撤廃が主張されるようになった（平岩レポート）(10)。これに対して、当時のメディアは総じて好意的であったが、このような規制緩和の流れがさらに本格化するのは、すでに述べた通り日米構造協議と、その帰結――大店法規制の撤廃とシャッター商店街問題――においてである。

その後、二〇〇一年から六年間の長きにわたった小泉政権の下で、いわゆる「構造改革」が進展してゆくこととなり、ここにおいて規制緩和の完成態に達したと見ることもできるかもしれない。実際、特定の政権に対して「リバタリアン的」[11]であるというラベリングがなされたのを、筆者は、この政権期に初めて目にした。

ここに至って、「共同体」にまつわる形で、これまでとは根本的に異なった形での情況認識が発生してくることとなる。すなわち、それは単なる「郊外化の進展」や「地方の荒廃」に留まらない、後述の「社会の底が抜けた」(宮台)という情況認識の発生である。以下、このような「社会の底が抜けた」という情況認識へと話を進めてゆく前に、我が国において、これまで述べてきたような「共同体論」が、どのような形で受容されてきたのかを見ておくことにしたい。

日本的な文脈に共同体論を適用したひとつの事例として、法哲学者・井上達夫による「会社主義」批判(一九九五)が挙げられる。[12]そこでは、「過労死」に典型的に見られる会社共同体への滅私奉公的忠誠が「中間共同体による専制」として描き出され、実際に過労死した会社員の手記が引かれつつ、アフリカからの奴隷船よりも酷い混雑に見舞われる電車に乗って日毎長時間の通勤に耐え、また、スパルタの奴隷にさえ許された家族と食卓を囲む時間も持ち得ない「会社人間」の姿が批判的に描き出される。つまり、そこでは「共同体論」は、個人を死へと至らしめさえする「中間共同体(会社)」と重ね合わせられる形で批判的に検討されているのである。

同様のモチーフを極めて鮮明な形で描き出した以下のようなエピソードを、佐高信は一九九〇年代初頭の出来事として紹介している（次の言葉は、当時の欧州共同体の役員が日本企業の役員に対して発したものである）。

彼ら〔日本の会社員〕が属する組織は軍隊に似たものであるに違いない。われわれは三つの義務（職業人としての義務・家庭人としての義務・地域と国家に奉仕する義務）を応分に果たしながら通常の生活を営む市民である。彼らは、仕事のみに全生活を捧げる一種の軍人である。……軍人と市民が闘ったら、軍隊が勝つことは明らかである。このような競争はアンフェアであり、アンフェアな競争の結果としての勝敗もアンフェアだと思うがどうか。(13)

しかし、井上による批判、そして佐高のエピソードから二十年有の時を経て、現実は、「会社中心主義」から「会社社会」という共同幻想そのものの破綻へと向かってゆくこととなった。すなわち、井上が我が国における共同体論＝中間団体の具体的事象として批判の対象とした「会社中心主義（法人資本主義）」は、派遣労働の解禁と、それに引き続く近年の恐慌によって、その存在を担保してきた「日本型雇用システム」そのものを失効させ、現実的コンテクスト自体が一九九五年当時とは完全に異なったものとなってしまったとさえ論じられるようになったのである。(14) 今日においては、非正規雇用の拡大と失業率の増大（特に若年層）によって、「会社人間」たり得ること自体が「特権」と化したとさえ主張されるに至っている。(15)

加えて、「格差社会」論も喧伝されるようになり、ホワイトカラー中流をマジョリティとみなすような総中流幻想もまた崩れ去り、抽象的な「共同体」一般ではなく、我々の社会における切実な実感を伴ったコミュニティ、もしくは地域そのものにおける格差・社会的分断が非常に切迫した問題として、やはり喧伝されるに至っているのである。――格差問題とともに「安心・安全」といった標語の下、治安問題があからさまに語られるようになったことなどを想起せよ。

三 『日本の難点』の難点

ここで、再びアメリカ政治思想に話を戻すと、すでに述べたように、サンデルは『民主主義の不満』の最終章で極めて具体的な実例を挙げつつ、現在のアメリカにおいて、いかにしてコミュニティが崩壊しつつあるのかを描き出している。その中で挙げられる事例は多岐にわたるが、現在の我が国にも通底する問題提起のひとつとして「スプロールバスターズ」への言及が挙げられるだろう。スプロールバスターズとは、全国規模のチェーンストアの増殖が地域経済を破壊すること、あるいは「独立商店主」が「雇われ人や単なる店員」に置き換えられることによって地域社会における「自己統治」が浸食されることなどを主張し、ウォルマートに代表されるようなメガストアの出店に反対して行われるものである。

同様の問題意識の下、さらに徹底した包括的議論を展開したものとして、本章冒頭で言及した宮台真司の『日本の難点』を挙げることができる。

宮台は、現代日本において感知される病理的諸徴候を先述のように「社会の底が抜けた」状態と呼び、そのような状態を国土全域の「郊外化」に起因するものと診断している。ここで言う「郊外化」とは、「コンビニ・ファミレス的なもの」としての〈システム〉が、地元商店街的なものとしての〈生活世界〉を全面的に席巻してゆく動きのことを意味する。

宮台によるなら、「郊外化」には二つの段階が存在し、第一の段階は五〇年代半ば～七〇年代前半の「団地化」、第二の段階は七〇年代後半から現在に至る「ニュータウン化」とネーミングされる。「団地化」は「地域の空洞化×家族への内閉化」を意味し、ニュータウン化（＝コンビニ化）は「家族の空洞化×市場化&行政化」を意味する。この「二段階の郊外化」は、〈システム〉の全域化による〈生活世界〉の空洞化の日本的展開を示しているのである。

このような展開は、すでに触れた八〇年代末期からの日米構造協議を通じた各種の規制緩和（先述の大規模店舗規制法の緩和）など、米国資本に市場を開くことを目指した政策的変更、つまり日米関係の変質に関連している。宮台自身の言葉を借りるならば、要するに、八〇年代以降、「対米従属」と「国土保全」が両立し難くなったのである。

このような宮台の議論の新鮮さは、対米関係の変更（軍事同盟から中立化）と国内体制の転換（重武装化）を「国土保全」という包括的パッケージと関連付けることによって、よりマクロな観点から提唱した点にあると言えるだろう。つまり、これまでの安全保障論が、どこまで行っても「九条」をめぐる強力な友敵二元論的な磁場に囚われ続けていたことを考えるなら、彼の議論は、従来的な「九条論」の轍から脱した形で安全保障そのものを真正面から論じるのみならず、国土保全という観点からマクロな包括的提言を行い得ているのである。

その上で宮台がオルタナティブな構想として提唱するのが、サッチャー政権下の内務大臣であったダグラス・ハードの構想、およびアンソニー・ギデンズの「第三の道」を換骨奪胎した「社会的包摂（social inclusion）」論である。「社会的包摂」の観念は、「社会」の「国家」に対する依存を低減させるためにこそ、国家が「社会投資国家（social investment state）」として社会に介入し、「社会を分厚くする」ことを目指すものである。ここでは、「社会を国家に依存させるのでなく、逆に社会を国家から自立させるためにこそ、国家が社会を支援する」ことが目指されており、かかる政策目標を噛み砕いたものとして、トニー・ブレアによる「一に教育、二に教育、三に教育」[16]という言葉が想起されることとなる。

宮台は、このように教育の重要性を論じつつ、そこでの重要なキーワードとして、ある種の有徳な存在（「本当にスゴイ奴」）による教育の場での感染的模倣（ミメーシス）の発生を極めて重要なモメントとして措定するのである。

宮台の議論は、従来の国家と個人の間に存在する社会領域への視座として、「共同体」とは異なる「社会的包摂」という観点を採ることにより、コミュニティと国家＝権力の関係性に正面から切り込み、単なる「抵抗」や「批判」に堕さない形で、大文字の「権力」に真っ向から正対している点に最大の特長があると言っても過言ではない。しかし、それは、これまで述べて来た共同体論（あるいは共和主義）と、同様の「難点」を抱えているのではないだろうか。――それが「徳論」である。

すなわち、すでに述べたように、『日本の難点』における処方箋のひとつとして最もクリティカルなポイントは、宮台自身の教育者（被教育者）としての豊かな経験に支えられた様々なエピソードと、そこから帰納される「教育論」にあると言えるが、宮台自身が自らの立場として定位する「（卓越主義的）リベラリズム」[17]に関しては、以下のような「難点」が発生するように思われるのである。

すなわち、「教育は徳という概念なしには不可能である」のだが、それと同時に、そもそも「リベラルな徳」は果たして可能なのか、という問題が発生することとなる。[18]なぜなら、すでに述べたように、リベラリズムは「徳の倫理学（virtue ethics）」、つまり「徳」に関する議論を所与の前提とした立場に対する最大の批判者のひとつだからである。――徳論は、教育と密接に関わっており、その点からすると、リベラルにとって何らかの形で特定の「善の構想」にコミットせざるを得ない「教育」を通じたディシプリンの注入は、一種の教化＝徳化とならざるを得ない点で、身体的・内面的なもの双方において原理的な〈躓きの石〉であるというジレンマが存在しているのである。――実際、自分自身で教師をしてみると、このことは実に身に沁みてよく分かり、教育者として狭義のリベラル＝いかなる特定の善の構想にもコミットしない完全な中立者であり続けることは極めて困難であるように実感される。

また、共同体論においては、伝統・歴史重視のバージョンにおいても、参加重視のバージョンにおいても、コミュニティへの関与・コミットメント、もしくは政治参加という形での「公民的徳性」が説かれることとなるが、この「徳（virtue）」が何であるのか、そして、それがどのようにしたら涵養されるのかは、必ずしも明らかではない（むしろ「謎」である）のと同様に、教育（＝徳）に関する宮台の議論の少なからぬ部分は、豊饒ではあるが（あるいはそれ故に）理論的に抽象化されにくい「教育の実体験」に彩られたものであり、その点、共同体論、もしくは共和主義における「徳」論と同様の困難を抱えているように思われるのである。

四 「徳」に関する素描と展望

以上からも明らかなように、共同体論にまつわる根源的な疑問のひとつは、「公民的徳性」あるいは端的に「徳」を涵養・育成するとして、果たしてそこで言うところの「徳」とはいかなる内容を持つものなのか、そして、そのような涵養・育成をいかにして実行するのか、という点に存するように思われる。

サンデルの共和主義構想においては、この「徳」の涵養に関して、すでに述べたように「陶冶のプロジェクト」が企図されているわけだが、彼の『民主主義の不満』中、それが理論的かつ実践的にいかなるものとして定立され得るのかは、いささか判然としない。

実際、サンデルを含む現代の共和主義者たちの議論状況の全体をコンパクトにまとめた研究書においても、「公民的徳性〔の内容〕を特定する（Specifying civic virtue）」と題された章で次のような率直な告白が行われているのを看て取ることができる。——すなわち、「公民的徳性の概念に対する批判としては、……その概念があまりにも曖昧模糊としており、実践的にはいかような理解も可能であり、そのため、非常に多様な政治的含意を有することになってしまうことが指摘されるのである」と。(19)

以上のような形での「徳」をめぐる問題系の全体を解きほぐすにあたって、一つの命題を検証してみたい。それは「すべての人々は、有徳（virtuous）な存在たるべし」である。ここで問題となっている「徳」の観念は、商業文明の進展、つまり「自己利益（self-interest）」の観念とのせめぎ合いの中に置かれてきたものなのだが、対抗観念としての「自己利益」は、現代に至るまで圧倒的な勢いで伸張を続けており、そのことは現代における公共的決定に際しての経済学の圧倒的優位に鑑みれば、火を見るよりも明らかである。商業文明の進展は、とりもなおさずこのような意味での「自己利益」観念の普遍化に他ならず、自己利益を最大化する存在としての合理的経済人（homo economicus）という人間像は確固とした人間本性の説明図式としてすでに我々の中に強力に定着しているのである。これを裏返すなら、「徳」とは、ある意味で「自己利益」を計算し得ない「非合理なもの」であり、したがって、普遍的な要請として「すべての人々は無条件に有徳たるべし」とは主張し得ないこととなるのではないだろうか。[20]

しかし、このような「有徳性」の装備要請が普遍的なものでない場合はどうだろうか。つまり、かかる要請が「すべての」人々を対象とはしない場合であるが、これは、一部の人々だけが有徳であれば良いということを含意し、それ即「エリート論」への短絡・危惧を招くこととなるだろう。その枠組が粗雑であるが故に感情的磁場を発生しやすい「エリート」という語感・枠組を回避しつつ、問題の核心を突き刺すためには、あえて「統治者／被治者」という《身も蓋もない》区分・枠組を導入することが必要なのである。なぜなら、すべての人民が有徳ではあり得ないことはすでに論じた通りであり、そうであるなら、人民団のある部分（統治者）だけが「徳」を装備するという選択肢が浮上してくることとなるからである。また、このような徹底的に《身も蓋もない》枠組を採用することによってこそ、「庶民の目線」という低劣な俗情にまみれたクリシエが統治論へと浸透してくることを、あらかじめ封じ込めることができるのである。

このような、現代の目から見るならあまりにも《身も蓋もない》議論を極めて精緻かつ壮大な体系の下、長らく議論して来た知的蓄積は、実のところ我々の足下に存在している。それは、儒学を中心とした東アジア世界における政治思想の歴史的蓄積である。かかる知的蓄積への言及とその活用の提案は、いささか突飛なものに映るかもしれない。しかし、このような意味での東アジアの知的蓄積を本章の冒頭でも述べたような現代アメリカ政治思想と有機的に接続した事例は、すでに存在している。

例えば、現在、中華人民共和国・清華大学で政治哲学を教えるダニエル・A・ベルは、『「アジア的価値」とリベラル・デモクラシー』[21]と題された著作中、その全編において対話形式を用いつつ儒教的な知的蓄積と現代政治哲学との接合・融合を目指そうとしている。この本の中では、「全体として民主主義的な制度を作りつつ、同時にいかにして知的エリートの統治を制度化するか」をめぐって、明末清初の儒学者・黄宗羲なども引きつつ「学者官僚の議会」の可能性について論じているのを看て取ることもできる。——かかる構想の当否は、さておくとしても、そこでは、これまでにない興味深い試みが先述のように《身も蓋もない》形（＝統治者／被治者というあからさまな区分のもと）で行われていることにある種の新鮮な印象さえ受けるのである。

言うまでもなく、儒教は、「君子」と呼ばれる潜在的・顕在的な「統治者」の「徳」に関するものであり、また、周知のように「科挙」のような形で膨大な資源と時間を投入し、制度的な背景をも持った「陶冶のプロジェクト」を実行して来た歴史を有する。我が国は、そのような知的蓄積を、近世以降、朱子学を通じて（朝鮮とともに）最も良く咀嚼し、現在に至るまで保存している（書店の哲学・思想書コーナーの書棚を占める『論語』に関する各種の啓蒙書・自己啓発書の数に、その残響を聞くことができるだろう)。

日本において、このような儒教的なものが統治層に共有された知的プラットフォームとして機能したのは、安岡正篤などの事例を見るなら、[22] おそらく田中角栄の出現までかもしれない。また、これまで通俗的な意味での「儒学的なるもの」は、ともすれば単なる右翼的言辞に類するものとしてか、あるいは中高年の説教めいた愛玩物としてしか見遣られて来なかったが、実のところそれらは、日本政治思想史などの学問的領域において大切に保存されて来た歴史的経緯を有しているのであり、それらを活用しない手はないのではないか、と思わされるのである。

最後に、繰り返しになるが、サンデル流の共同体論の政治的構想とも言える共和主義と宮台流の「社会包摂」論のいずれにも共通する隘路たる「徳(virtue)/教育」のアポリアを解きほぐす鍵は、「統治者/被治者」という《身も蓋もない》区分を平然と導入し得る、足下の思想的堆積に見出すことができるのではないだろうか。

＊＊＊

かつて法哲学者の長尾龍一は、我が国における法哲学のあり方を、洋行帰りの紳士が手にするそれになぞらえる形で「トランク法哲学」と呼び、一九八七年当時、それらが内実において「欧米で流行しているからという以上に何の内発的必然性もない」様を皮肉った。彼は、同時に、自ら三十年近く法哲学を専攻していてもいまだに法哲学が何たるかは分からないものの「日本法哲学が何ではないか」は判明であるとし、それは「東洋古典を読まない人々の集団である」と述べている。爾来、四半世紀以上が経とうとしているが、本章の記述はその例外たることを端緒的に志向／試行したものである。(23)

なお、本章における『日本の難点』に関する記述は、二〇〇九年六月二十五日に、すでに卒業生となった私自身のゼミ生である、有徳（virtuous）な西依宣泰君が発案し、東京大学駒場キャンパスでクローズドに開催された『日本の難点』合評会での私自身の合評者としてのコメントを土台にして再構成されている。つまり、これは、本論でも論じた「教育」より生じた果実のひとつである。

Interlude　本書の構成と主題

本書は、私自身が修士課程で研究生活を開始した一九九八年以来の「あるテーマ」に、歳月に相応した一定の決着をつけるものであり、各章は、二〇〇〇年以降に書かれた既刊諸論攷を素材としつつ、それらに加筆修正を施したものから構成されている。

本書の執筆に着手して以来、各既刊論攷に大幅な修正を加え、また、書き下ろし部分も相当程度、拡充すべく取り組んで来たのだが、作業を進めれば進めるほどに、過去に書いたものたちの中へと再び「入り込む」ことの困難を痛感し続けて来た。

そのようなわけで、本書の企画を白水社で通して頂いて以来、長らくの間、迷いに迷って来たのではあるが、既刊のものに関しては、いっそ単著にまとめる上で必要な限りの修正を加えるに留め、各章間の連絡径路を必要に応じて新規に切り拓いた上で、読者の便に供するという形を採ることとした。

冒頭に述べた「あるテーマ」とは、振り返ってみれば結局のところ「公共性とは何か？」ということに尽き、二〇〇〇年に公刊した修士論文を祖型とする『国家学会雑誌』掲載論文（本書第Ⅱ部）以来、私が研究して来たことは、そこから派生する形での様々なバリエーションだったように思われる。

本書の構成は、いささか変則的な形のものとなっており、全体をつらぬくモチーフの本来の、つまり、時系列的な意味での「始点」は第Ⅱ部の内容であるところ、それを母胎として二〇〇九年以降に集中的に書かれた「市場・共同体・徳」をめぐる発展的諸論攷（第Ⅰ部）から本書は出発し、しかる後に十五年前、私自身が二十七歳だった時のスタート地点（第Ⅱ部）に立ち戻るという形になっている。映画「スター・ウォーズ」の公開方式を範にとったわけではないが、映画では二十二年かかった「エピソード1」への帰還が十五年で叶ったということで、読者におかれてはご海容頂ければ幸いである。

冒頭でも述べた通り、これらの既刊諸論攷は、現在の私にとっては、もはや、それらの中に再び「入り込む」ことの困難な「対象」であり、カール・ポパーの言葉を借用するなら「世界3」に属するものである。ポパーも言うように、いまやそれらは製作者の手を離れた「自律的」な存在者でさえあり、それ自体として固有の「歴史」さえ持っている。

特に私自身の初発点である第Ⅱ部は、今となっては自分自身でも完全に肯うことはできない内容をも含むものではあるが、しかし、今日に至るまでの研究上のテーマのほとんどは、この中にあったと言っても過言ではない。本書では、この第Ⅱ部で提出された様々な問題意識に対する私なりの回答は、第Ⅰ部の内容をもって尽くされていることとし、後付け的な批判的検討を附すことはあえて禁欲することとしたい。

次に本書の主題について。今回『ショッピングモールの法哲学』というタイトルを冠したが、これは元々、第一章の雑誌初出時のタイトルであり、雑誌での初校入稿前には「南大沢・ウォルマート・ゾンビ」というタイトルになっていたところ、当時の講談社の担当編集者・青山遊氏によって提案され一旦公刊に至ったものを、今回改めて採用した次第である。

先に述べた通り、本書全体を貫通するモチーフは詰まるところ「公共性とは何か？」ということに尽きるのだが、第Ⅰ部を彩る具体的な表象として「ショッピングモール」は繰り返し登場し、また、そのイメージ喚起力にも期待するところから、今回の担当編集者・竹園公一朗氏の勧めもあり、書名に嵌め込むこととした。また、先述の通り全体を貫通するライトモチーフは「公共性」論であるところ、著者の狭義の専門である法哲学のみに止まらない、バリエーションに富んだ議論を品揃えできたのではないかという点からも、「ショッピングモール」の語を含んだ表題を本書にふさわしいものと思った次第である。

本書の前半を読まれての通り、そこで登場するショッピングモールは、しばしばネガティブなものとして扱われているが、その評価に関しては、実のところ、私自身の中でもアンビバレントな側面があり、この点については本書の最後で簡単に触れることにしたいと思う。

以上のような経緯から、本書は私自身にとっては、一面において、青春の墓碑銘のようなものともなっているところ、たまさかに展墓された読者諸氏におかれては、再び以下に続く長い銘文にお付き合い頂ければ幸いである。なお、各章の初出は以下の通りである。

第Ⅰ部

序章「国家と故郷のあわい／断片」『理想』六八二号、理想社、二〇〇九年

第一章「ショッピングモールの法哲学」『RATIO』06号、講談社、二〇〇九年

第二章「市民的公共性の神話／現実、そして」『講座哲学（10）』岩波書店、二〇〇九年
第三章「グローバライゼーションと共同体の命運」『法哲学年報2011』有斐閣、二〇一一年
第四章「共同体と徳」『成長なき時代の「国家」を構想する』ナカニシヤ出版、二〇一〇年
第Ⅱ部「公共性概念の哲学的基礎・序説」『国家学会雑誌』第一一四巻五・六号、二〇〇〇年

Ⅱ　「公共性」概念の哲学的基礎

序　公共性論をめぐる状況

一　問題状況

公共性論は二重の困難を抱えている。それは、この「公共性」の語が一方で過小に値踏みされ得る反面、他方では過大に称揚され得るという二重の危うさの中にある。そもそも「公共性」なるものの概念的内実を明らかにせよと問われ、その問いに淀みなく応じることは中々に容易ならざることであるように思われる。実際、「公共」を冠する表現を枚挙すれば、その意味内容がいかに広範かつ錯雑した形のものであるかは、たやすく理解できるのではないだろうか。「公共事業」・「公共の福祉」・「公共放送」・「公共の場」・「公共財」……ここに列挙した例からは、「公共」の概念（＝公共性）が単独で用いられることは稀であり、しばしば他の概念と複合的に用いられるものであることが窺われる。がしかし、これらの複合概念にしても、そこでの「公共性」の内実についてはそれぞれに差異を内包し、依然として「公共性」の何たるかは審らかにされないままに残される。また、「公共性」は、しばしば端的に「私的」なるものの対立概念としても用いられるものであり、このように多義的かつ曖昧な「公共性」は、概念装置としておよそ非生産的であり、何ものでもあり得るがゆえに何ものでもないような「公共（性）」の語など、いっそ空虚定式として放擲してしまえという議論も考えられる［阿部：122］。逆に、やみくもに公共性を礼賛する議論も可能であり、上で述べたような「公共（性）」の語が至るところに氾濫している事実自体がまさしくその証左と言えるだろう。そこには、取って付けたようにでもせよ、とにかくも「公共」の語を冠しておけば何となく体裁が整うであろう然とした態度が認められる。一般に漢語の多用は、その内実を日常の言葉ではっきりとさせないまま、よく分からないが故に有り難いご利益をもたらすような錯覚をもたらすものである。往々にしてこのような漢語表記の概念は、「舶来横文字」の語が「四角張った字」に翻案されたものであるが、そこには「カセット効果」とでも称すべきものが存在する。カセット cassette とは小さな宝石箱のことで、「中身が何かは分からなくても、人を魅惑し、惹きつけるもの」である。それは、「自由（liberty）」や「社会（society）」あるいは「個人（individual）」など、従来は存在しなかった思考の枠組を焦点化し、新しい思想を語ることを可能にする恩恵的効果を伴う反面、それらの語自体を何ともよく解されぬがままに只々有り難いものへと頽落させ得る危うさをも併せ持つものなのである［柳父：36］。

かつて鶴見俊輔は、このように無自覚・無批判のまま特定の語が融通無碍に流通する様を「言葉のお守り的使用法」と呼んで批判的に検討した［cf. 鶴見］。鶴見によると言葉のお守り的使用法とは

……

人がその住んでいる社会の権力者によって正統と認められている価値体系を代表する言葉を、特に自分の社会的・政治的立場をまもるために、自分の上にかぶせたり、自分の仕事のうえにか

ぶせたりすること……〔ibid.:33〕

……を意味する。要するに、文字通り肌身離さず身につける「お守り（talisman）」と同様の効果を期待し、特定の言葉をあらゆる局面において連呼するのである。典型的な例としては、戦前・戦中における「國體」、戦後における「民主」などの語を想起すればよいだろう。

ともすれば、戦前・戦中期におけるこれらの極端な事例と一種現代の「お守り言葉」として流通する「公共性」との間には決定的な断層があるように思われるかもしれない。現代における「公共性」の語は、あからさまな形で押しつけられてくるわけではないという点で、実のところ右に述べたような「お守り言葉」とは異なっているとも言える。しかし、その内実が仔細に検討されることなく頻りに使用されるという点では、依然として「お守り」であり続けていることには変わりがないように思われる。

二　我が国における「公共性」論史

叙上、「カセット効果」・「お守り言葉」などの言葉で言い表される問題状況の一端を踏まえた上で、以下では二つ目の準備作業として、公共性論の来歴を瞥見しておくことにしたい。差し当たって、我が国における公共性論の展開に目を留めておくと、それは概ね以下のような形で変遷していったと言えるように思われる。

まずは「強意の国家的公共性」観[1]の支配する時期があった。そこでは「公/私」が「主/従」とパラレルに平準化された地平のもと、「法律の留保」の枠内で有限の権利を享受する「臣民」が無際限の責務を負うという形での秩序が支配していた。このような秩序のもとでは、「結社」したり「私議」したりすることによって主体的・能動的に形成・維持・変更される対象としてではなく、公共性はむしろ客体的・受動的に甘受すべきものとして観念されていた。

戦後、このような「強意の国家的公共性」観が瓦解してからは、「国家的公共性」自体に反発し、それを批判するという形で、「公共性」を《対象》として論じること、すなわち「公共性論」自体の端緒が開かれたと言うことができる。具体的には、「公共の福祉」や「公共事業」の名のもと依然として客体的・受動的な受忍を要請する「公共性」に対して向けられた反発・批判がそれにあたる。しかし、ここでの「公共性論」は、「公共性」概念を積極的に把握し、それを中軸として展開されたものではなく、むしろ反公共性感情に裏打ちされた「公共性論」のネガが、その萌芽を孕むに留まったと言うべきだろう。

以上のような、言うなれば「公共性論」の前史を経て、ようやく「公共性」概念は積極的・肯定的に捉えられ始めることになるわけだが、その道行きには二つの進路が認められるように思われる。

一つは、これまで国家によって一元的に独占されて来た公共性を国家以外の多元的な主体が担うことを目指すものであり、国家的公共性に《対抗》するというよりは、むしろそれに《代替》する公共性を積極的に論じる点に特徴を持つ。このような形で非国家的モメントを重視する公共性論は、所謂「市民社会(civil society)」における水平的関係に焦点をあてるものであり、その点「市民的公共性」[2]論と呼ぶことができるだろう。

もう一方の進路は、上述の「市民」と対比される形で「公民的公共性」論とでも称し得るものである。ここでは、先進諸国に共通する「過度」の個人主義と伝統的紐帯の崩壊から帰結する「公民的徳性（civic virtue）」の喪失を問題視し、そのようなモチーフのもと、「市民」よりも強度の規範性を持った「公民」を主体とした公共性を論じるものである。(3)

極めて抽象化・簡易化された形でではあるが、上記のように図式化される我が国における公共性論の来歴からは、以下でも再説するように、「公共性」を論じることは盛んになったが、その概念的内実を（緩やかにではないという意味で）「犀利」に捉えようとする試みは寡少であったということが看て取られるのである。このことを念頭において、本書における問題意識の所在へと議論を移すこととしたい。

三　本書における問題意識の所在

以上のような準備作業を踏まえた上で、本書における問題意識の所在を、後続する議論に先立って頭括的に披瀝しておくと、それは次のようなものになる。

すでに「公共性」という言葉の曖昧さを指摘し、しかる後に公共性論の来歴を瞥見して来たわけだが、そこから浮かび上がるのは、「公共性」が「現実」としていかように捉えられているかは理解され得るものの、その「理念」、すなわち概念としての内実は依然として明らかにされないままに取り残されているという事実である。「公共性」と同様に多様な意味を担い、かつ極めて頻繁に使用される「自由」や「平等」が精緻な概念分析の対象とされて来たのに比べると、「公共性」の概念的内実が分析的に論じられる機会はほとんど皆無であったと言っても差し支えない程に少なかった。[4] 本書は、このような事実認識に拠って立ち、公共性概念にタイトな再構成を施した上で——言うなれば「箍を嵌められた」公共性の概念把握から出発することによって、その概念的内実を闡明化することを一義的な目的とするものである。以下では、如上の tight で「箍を嵌められた」公共性の概念把握の第一歩として、その定義付けを試みることとしたい。ところで、ここまでで縷々述べて来たように、「公共性」概念は、従来「国家的公共性」や「市民的公共性」もしくは「公民的公共性」などといった形で、頻々「現実」に引き摺られつつ後付け的に把握されて来た嫌いが多分にあるように思われる。したがって、ここではまず、その概念自体を内在的に定義付けること——つまり、「理念的」に把握することを試みることとしたい。なお、以下に示される公共性の諸条件は、すべての十分条件をも尽くした網羅性を標榜するものではなく、むしろその必要条件のみを描出したものであることをあらかじめ断っておく。

四　導きの糸としてのカント

カント哲学は観念論哲学の貯水池と呼ばれる。カント以前の哲学がカントに流れ込み、カント以降の哲学はカントを源流にしているからである。——とは一切ならず聴かれる言葉ではあるが、このような事情は「公共性」論に関しても十分に当て嵌まると言えるだろう。現在における「公共性」論の一方の代表としてロールズによる所謂「公共的理性（public reason）」が挙げられるが、『正義論』以来カントに深くコミットして来たロールズは、（カントの定式とは異なったものであると断りつつも）カントが「啓蒙とは何か」の中で呈示した「理性の公的／私的使用」の区分図式に独自の再構成を施し自らの議論を展開している［cf. Rawls1993］。

また、他方ではハーバーマスの所謂「公共圏（Öffentlichkeit）」という形での「公共性」論の現代的展開も看て取ることができるだろう。『公共性の構造転換』において、その盛衰を描写された「ブルジョワ的公共圏」は、文芸上の公共圏（後述する「文芸共和国」から発想されたもの）に由来する「政治的公共圏」、すなわち私人が自らの理性を公的に使用する領域として把握されるが、その思想的淵源がカントの「啓蒙とは何か」に端を発することは直裁に感知することができる［cf. Habermas］。

このような現代「公共性」論における二つの大きな系、すなわち上述の public reason、もしくは Öffentlichkeit としての「公共性論」において、カント哲学の果たす役割には端倪すべからざるものがあるが、就中カントによる小文「啓蒙とは何か」の契機・端緒としての意義には小さからぬものがあると言えるだろう［cf. Kant］。

フーコーは、現代を次のように描写し、「啓蒙とは何か」が問われたカントの時代との対比を鮮明にしている。

　新聞が読者に対して問いを発する時、それは各人がすでに自分の意見を持っていることがら

に対して意見をたずねるために過ぎない。何か大したことが分かることなどないのである。[cf. Foucault]

カントの「啓蒙とは何か」とは、これとはまさに逆の状況——つまり、人々がまだ答えを持っていない問題について読者公衆にたずねることが好まれた十八世紀に、月刊誌の《Was ist Aufklärung?》という問い掛けに対して提出された回答であったと、フーコーはこの小文の来歴を説明するが、「理性の公的な使用と私的な使用」という形で、公／私の概念、そしてその区分を考察する上での母胎ともなったこのテキストは、本書における「公共性」の概念把握に際しても欠かすことのできない一地点を照らし出すものであると言えるだろう。したがって以下では、カントのこのテキストを導きの糸としつつ、そこからどのような「公共性」の要素が搾出されるかを見てゆくこととしたい。では、早速「啓蒙とは何か」を繙いてみることにしよう。(5)

カントによれば、「啓蒙とは、人間が自分の未成年状態から抜け出ること」と定義されるものであり、それは「あえて賢こかれ！(Sapere aude)」という形で標語化される。ところで、このような「啓蒙」を成就するためには、「自分の理性をあらゆる点で公的に使用する自由」が必要とされるわけだが、ここで言う「理性の公的な使用」とは、「ある人が学者として、読書する公衆を前にして彼自身の理性を使用すること」を指している。ここで「学者」という言葉で表される資格のもとでの理性の使用は、カントのテキストの中では社会的属性を捨象した「全共同体(ganzen gemeinen Wesen)」、すなわち「世界市民社会(Weltbürgergesellschaft)」の一員として、ということを意味し、また「読書する公衆を前にして」とは「軍隊・教会・国家」などの制度上の帰属によって規定されない「全共同体」に対して訴えかけることを含意しているのである。

これに対して「理性の私的な使用」とは、「軍隊・教会・国家」など、「全共同体」という観点からは、あくまで「部分的」なものに留まる共同体内での理性の使用を意味し、そこでの理性の行使は、一定の制限に服すべきものであるとカントは言う。すなわち、そこでは「論議するな」という一声に続き、将校は「訓練せよ！」、聖職者は「信ぜよ！」、収税吏は「納税せよ！」と叫ぶのである。カントにおいて、このような理性の私的な使用の制限は、「軍隊・教会・国家」など、「いくら大勢であっても所詮は内輪の集まり」に過ぎないような部分的共同体の「公的目的」、つまりカントが「共同体の利害関係」と名付けるものの下に制約されるのである。

かかるカントの所説には「公共性」概念を考える上で極めて示唆深い諸問題が複合的な形で示されていると言える。まず、カントは理性が公的／私的に使用される領域に関して、通常の我々の理解とは異なった形での領域設定をしていることが指摘されるだろう。すなわち、そこではお互いに利害関係を有する人々から構成される部分社会が「私的」領域として把握され、そのような利害関係から超越した全体社会（人類全体）が「公的」領域として把握されるのである。ところで、ここで示された公／私の領域区分には、ある種の逆説が存在することが指摘される。すなわち、通常我々が想定する公／私の区分法のもとでは、私的領域においては何をどう思惟しても差し支えないが（例えば「良心の自由」）、公的領域におけるその表明には一定の制限がかけられるものであるのに対し、カントにおいてはそれが逆転している——そのような意味でのパラドックスがここには存在するのである。このようなカントの主張は、ある意味で鮮やかに正しく、他方でいささかならぬ問題を孕むものと言えるが、以下ではこの「啓蒙とは何か」というテキストの内在的観点を超え出て、「公共性」概念自体を規定する諸テーゼを析出する地平へと議論を拓いてゆくこととしたい。

第一章　テーゼI「共同性への非還元性」

一　テーゼIの析出

「啓蒙とは何か」という短いテキストの中には、「学者として」・「著述や論文を通して」・「読者」という表現が実に十三箇所にもわたって繰り返されている。このことからも明らかなように、カントは「理性の公的な使用」と「著作の生産ないしは読書とを徹底的に結びつけている」と言える。ロジェ＝シャルチエの指摘によれば、かかるカントの発想は、十七世紀に発明された「文芸共和国」という概念に触発されたものであり、このように「その場にいなくとも交流が可能で……思想の論議のために自律的な空間をつくりだす著作による共同体」が、「普遍的なものを受けいれ可能」にするものとして、「クラブ・カフェ・思想協会・フリーメーソン」と区別されたことには画期的な意義があると言えるだろう［Chartier:esp. chap. 2］。すなわち、カントにおいては、単なる「利害関係」によって結びつけられているわけではなく「論議」することを目的として結成された共同体であっても、「理性が公的に使用される」場、つまり「公共性」が発揮される場ではないとされているのである。この点で、カントは「公共性」と「共同性」を徹底的に峻別していると言える。このように、カントは「公的」

が「私的」に尽くされないこと——つまり、「公共性」が部分的な「共同性」には還元され得ないことを闡明にしているのである。この点において、カントの主張は鮮やかに際立っていると言えるだろう。従来の公共性論の来歴を管見した際に見られた通り、「公共性」は「公民的公共性」のような一定の埒内での「共同性」へと容易に転化・還元される危うさを有しており、そのような「公共性」概念の「腐敗しやすさ」に箍を嵌めるという点で、カントの主張から導出される、この「公共性は共同性に還元されない」というテーゼは大きな意義を持つものであると言える。「収税吏と納税者」の例において、「国家」でさえも「全共同体」から見れば部分的で断片化されたものであることが、カント自身によって指摘されていることもまた、この証左であると言えるだろう。以上から、下記のテーゼが析出される。

【テーゼⅠ】公共性は共同性に還元されない

以下では、このテーゼを基点として照射される具体的問題を考察してみることとしよう。

二　公共圏の「排除性」問題

ハーバーマスの「公共圏」論

カントの議論が影響を与えた「公共性」論のひとつの代表的な系として、先に所謂「公共圏（Öffentlichkeit)」論を挙げておいたが、すでに析出されたテーゼⅠを念頭に置くと、この議論には中々に看過し難い問題が跼蹐《きょくせき》していることが窺われる。ここではまず、『公共性の構造転換』におけるハーバーマスの立論を簡単に辿り、しかる後にその問題性を剔出することとしよう。

『公共性の構造転換』においてハーバーマスが議論の対象としたのは、彼が「自由主義的なブルジョワ的公共圏」と呼ぶ、歴史的に特殊な限定を施された「公共圏」の盛衰であり、そのことはこの本のサブタイトルが、「市民社会の一カテゴリーについての探求」（強調筆者）であることからも明らかと言えるだろう。「ブルジョワ公共圏」とは、十八〜十九世紀初頭の「小さいが、批判的に討議を行う公共圏」を意味し、具体的には、イギリスのコーヒーハウス・ドイツの「普遍的な読書する公衆」・フランス社交界のサロンなどといった形で現出したものを指す。ハーバーマスによれば、このような「市民（＝ブルジョワ）的公共性」は、その成立当初から政府当局による統制と対抗する形で伸張して行ったものだが、ある時期を境に転機・変質を迎えることになった。すなわち、十九世紀に入って自由主義的資本主義が終焉するとともに、国家による社会への積極的介入（計画・分配・管理という形で）が開始され、市民たちは「行政のクライアント」と化すようになったのである。ここに至って、政治に関わる「活動的な公衆」は、「文化を討議する公衆」から「文化を消費する公衆」、つまり私生活中心主義的（privatistic）なものへと変質＝「構造転換」し、所謂「市民的公共性」は崩壊して行ったのである。

かように「特殊・歴史的」な限定を施された「ブルジョワ公共圏」の盛衰こそが、『公共性の構造転換』の中で描出されていたものであるのだが、ハーバーマスのこのような議論は、いくつかの面で批判に晒されている。

まず、第一の批判として見られるのは、「特殊・歴史的な限定の仕方」そのものに対する疑義である[cf. Chartier/Baker/Ozouf]。このような形での異論は、近年フランス革命史を実証的に研究する立場からなされているものであるが、その批判はハーバーマスにおける「公論(öffentliche Meinung)」の生成に関する説明図式に対して向けられたものであると言える。ハーバーマス自身、「市民的公共性の機能の自己理解は、公論という命題の中で結晶した」[Habermas: 訳 128]と明言しているが、この「公論の母胎」を論じるという問題設定自体に対して批判の矛先は向けられているのである。

従来、少なくとも「市民的公共性=ブルジョワ的公共圏」の生成衰微の描出という点では決定的と思われてきたハーバーマスの歴史的図式であるが、叙上のごとく実証的な面からもその妥当性は批判に晒されているのである。のみならず、彼ハーバーマスの提出した「公共圏」概念そのものもまた、実証的なそれとはまた別種の批判に晒されていると言うことができる。その最も行き届いた例としては、ナンシー・フレイザーによる批判が挙げられるだろう[cf. Fraser]。

「公共圏」にまつわる諸問題

八〇年代後半に『公共性の構造転換』が英語に翻訳・出版されたのを承け、英米圏においてハーバーマスの「公共圏」概念を論じる機運が昂まったが、そのような活発な議論の中、フレイザーによってなされた指摘は、その問題性を鋭く抉るものとして傾聴に値すると言えるだろう。以下ではフレイザーの指摘する問題点を踏まえつつ、その含意するところを本書の主題に従って展開してゆくこととしたい。

フレイザーによれば、ハーバーマスの所謂「市民＝ブルジョワ的公共圏」の概念は、すでに述べたように「特殊・歴史的に限定された」形での「公共圏」のモデルを描き出しているものの、その「ユートピア的な潜勢力が実現されたことはなく、とくに、誰でもが接近（access）可能なものであるべきだという主張が実行されることはなかった」[ibid.: 訳 123]。また、同時にそこでは、「不思議なことに……新しいポスト・ブルジョワ的な公共圏のモデルが展開され」ないままになっているのである。このような点で、公共圏の出現に関してのハーバーマスの公共圏に関する所説は、その概念的な内実を実現するための決定的な必要条件を欠いており、またそれは、ある種の「排除性」を持つものであるという問題が浮上することになるのである。

フレイザーは、このようなハーバーマスの「公共圏」概念における「排除性」の問題とその是正策をいくつかの点に分けて検討しているが、それらをごく簡単に示したのが以下の四点である［ibid.: 訳 130］。

①「かのように（as if）」の「対等性」の前提

ハーバーマスの「市民的公共圏」概念においては、公共圏に参加する対話者間の現実的非対称性が括弧に入れられ、あたかも彼らが社会的に平等であるかのように（as if）措定されている。しかし、「形式的な排除が存在しない場合でも、社会的な不平等が［公共圏における］協議に影響を及ぼしかねない」ことはフェミニズムが夙に指摘していることであり、このような形で実際の社会的不平等・非対称性を等閑視することは問題である。「十分な公共圏の概念は、社会的な不平等を括弧に入れるだけではなく、〔それを〕解消するものでなければならない」のである。

②単一的な公共圏の措定

「ハーバーマスの説明では、ブルジョワ的な公共圏の概念の単一性が強調され、公共の舞台が単一であると主張されて」〔ibid.:136〕いるが、このように単一の包括的な公共圏を措定することは、多元主義的な公共性のあり方を否定するものである。「公共的なものの概念は、参加者たちのものの見方が多元的であることを前提とするもの」であり、あくまで「単一の包括的」なものとして公共圏を捉えることは、異質性への寛容さを欠くことに繋がるのである。

③私的利益に対する共通善の優越

ハーバーマスが「ブルジョワ公共圏」を特徴付ける際、そこでの議論の主題は「共通善（common good）」に限定され、「私的な利害関心」は等閑に附される。しかし、かかる「公的問題（public affairs）」の把握は、公／私の間にあらかじめ境界を設定することを意味し、例えばフェミニズムが告発するドメスティック・バイオレンスの問題などに対処することができない。すなわち、ここでは「公益」と「私益」の間にア・プリオリな境界を設定し、前者を後者に対して優越化することが問題視される。このような形で「私的」というレッテル貼りによって「排除」を行うのではなく、むしろ「包摂」することこそが目指されるべきなのである。

④市民社会と国家の分離

ブルジョワ的公共圏は、「市民社会」と「国家」の分離をその前提とするが、これをレッセ・フェール的資本主義体制下における制限政府（＝国家）と経済的領域（＝市場）との分離という形で理解することには問題がある。このことは、すでに述べた「社会的不平等を括弧に入れる」ことの問題性の指摘からも明らかと言える。他方で「市民社会」を「国家」だけではなく「経済」からも区別された「二次的な集団（secondary groups）」の結合として捉える場合には、「弱い公共性」と「強い公共性」という形での「公共性」の分断状況が生じることになるのである。「弱い公共性」とは「協議の実践がもっぱら意見形成（opinion-formation）に依拠」［ibid.: 訳 154］するものを指し、「強い公共性」とは「国家権力の行使」に関する「決定形成」に与るものを指す。要するに、そこでは「いくらでも、またなにごとについても、意のままに議論〔＝意見形成〕せよ、しかして〔決定形成に〕服従せよ！」という標語が適用されるのである。「議会主義」の登場は、「討議が意見形成と決定形成を併せ持つような公共性」の出現を意味し、そこでは「強い／弱い公共性」という境界線が曖昧になっているが、ここでは「弱い公共性」に対する「強い公共性」の「説明責任」がどのような形で制度的に編成されるかということが課題となる。

以上のようなフレイザーによる指摘から本章における問題設定に目を移すと、上で指摘された四つの問題点のうち特に、②「単一的な公共圏の措定」、及び③「私的利益に対する共通善の優越」が本章における公共性のテーゼ、すなわち「公共性は共同性に還元されない」と強い相関性を持つことが認識される(①及び④に関しては、さらに後続する各章に対応する問題であるので、その詳細な検討は後段に譲ることとする)。このような「公共圏」の「排除性」にまつわる二つの問題点は、すでに瞥見された「公民的公共性」の主張と通底するものとして理解され得るだろう。以下では節を改め、これら二つの問題と「公民的共和主義」の牽連性を検討してみることとしよう。

三　公共性を共同性へと還元する議論とその批判

本章におけるこれまでの議論から、公共性論のひとつの代表的な系たる所謂「公共圏」論に含まれる問題性、すなわち、そこに存在する「公共性を共同性へと還元させる」という議論の傾きが触知されたと言えるが、本節ではさらに積極的に公共性を共同性へと還元させる立場としての所謂「公民的共和主義(civic republicanism)」を正面から捉え、その難点を指摘することとしたい。

「公民的共和主義」とは何か?

「公民的共和主義」とは、古典古代期アリストテレスの所謂「政治的動物」としての人間観に起源を持つものであり、そのモチーフを引き継ぐ形でルネッサンス期イタリアにおいて再生された共和主義的パラダイムは「シヴィック・ヒューマニズム(civic humanism)」と呼称される。中世期において「人間の世俗的な自己実現の可能性をことごとく否定するキリスト教的時間図式の枠組」に対抗する形で提出された如上の共和主義的パラダイムは、政治の目的を「時間を超克すること」として規定するが、それは「普遍的なもの、変わらないもの、従って無時間なものだけが真に合理的である」という信念に則るものである［田中：15］。かかる所信は、アリストテレスが「自足的なるが故に普遍的であり、普遍的であるが故に不死である」と定義するポリスと「共和国（共同体）」を同視・同化せしめんとする試みを帰結する。トゥキュディデスの描くペリクレス葬送演説において、ポリスが個体を生命の空虚さから救いだし、その不滅性を保証するものとして称揚されたように、このパラダイムにおいては、不滅へと至るための時間の超克、そしてそのような不滅性を担保する共同体への個の従属が予定されるのである。

ここでは、「普遍性」＝不滅性を担保する共同体＝共同性に対置される形で、「個別性」＝個人は、その移ろいやすさ、つまり「死すべきもの」としての脆弱さから「腐敗（corruption）」と相接するものとして否定的に理解・把握される。したがって、かかる議論の帰結として、私的利害よりも公共の利益を優先することが要請されることとなるのは自明であると言えよう。

すでに我が国における公共性論を概観した際にも、所謂「公民的公共性」という類型化と相通じる形でその存在を指摘された叙上のパラダイムは、ルネッサンス・フィレンツェの政治思想に中興の端を発し、十七・十八世紀のイギリスへの伝播と、ハリントンや新ハリントン主義者を通じての変容・浸透を経た後、アメリカにおいてその最後の役割を果たしつつあると言える[1]［田中：37／Mouffe：訳 49］。

以上、凱切さは標榜しない概ねの歴史的来歴の要約はさて措くとして、改めて冒頭に掲げた「公民的共和主義」の内容を定義付けると、それは以下のような形で定式化される。すなわち、公民的共和主義は、「個別性」に対置される形での「普遍性」、つまり個人に対する全体共同体の先行性を標榜し、そこでは異質な者たちの共存ではなくして、強い同質性のもとでの単一（≠多元的）の「公共性」の舞台が構想される（これは先に剔出したフレイザーの指摘②と通底）。また、同時に以上のような構想の論理的帰結として、すでに述べたように「私的利害よりも公共の利益を優先することが要請される」こととなるのである（同じくフレイザーの問題指摘③と通底）。

ここでは、如上二つの問題点のうち、公共性の舞台を単一のものとして設定する議論の難点は、すでにフレイザーによる批判の中であらまし論点を尽くされたこととし、特に後者、すなわち「私的利害」と「公共善」の関係について論じることにしたい。

「私的利害」と「公共善」

すでに見られる通り、公共性を「積極的に」共同性へと還元する「公民的共和主義」の構想は、政治的決定過程への参加が公共性の発露条件を独占していることを標榜するものであり、そのような特殊な卓越主義的人間観のもとでは、究極的に私的な事柄である自己の生理的・物理的な維持・保存を滅却してあまりあるものとしての「公共善」への奉仕、すなわち公的アリーナへの「現れ（appearance）」[2]が描き出される。

しかし、ここで立ち止まって考えなければならないのは、かように公的参画に没入し、私的利害を等閑に附すことが現実に可能なのであろうか、という点である。「滅私奉公」とも見紛うような、かくの如き「公共善」のア・プリオリな措定に対しては、アルバート・ハーシュマンによって展開される以下のような議論が有益であるように思われる。

ハーシュマンは、まず「公共善」とは何の関わりも持たない、「私的利害」のみに塗り潰された生活の存在を認知することから始める。つまり、彼によれば「公共善には何の関係もなく、私的福利の増進と蓄積を直接に目指すような……生活」は「人間にとって完全に正当な行動様式」［Hirschman: 訳 6］なのである。しかし同時に、そのような私的行為が現実の消費生活の中で「失望」に捕らわれ、変容してゆくこととなる。彼によれば、人々は最も典型的には耐久財やサービスといった消費財について生じる急激な効用の逓減に対して最初の「失望」を抱くようになる。つまり、我々は「人があるものを欲しいと考えても、それを獲得するや否や、考えていたほどにはそれを欲しくはなく、あるいは全然欲しくなく、思いも寄らなかった何か別のものこそ本当に欲しいものであった、と気づいてうろたえるような世界」［ibid.: 訳 22］の中に住んでいることに気がつくのである。

このような私的行為＝消費に対する「失望」の結果として、人々は「退出（exit）」か「告発（voice）」へと導かれることになる。前者は財の供給者に対して失望を経験した消費者がマーケットの中で他の供給源者を探すという「間接的」な抗議として表出されるが、後者の「告発」はより「直接的」な抗議の形態をとる。「告発」とは「厳密に私的な苦情（払い戻し請求）から一般的利益のための公的行為に至るまでの様々な行為」への公的「参画」を意味する。ここでは、私的利益の追求に際して存在していた費用と便益のボーダーラインが消滅し、「費用の側に入れられるべき［もの］が、便益の一部として」換算されるという現象が生じることになるのである［ibid.: 訳 98］。

しかし、このような私的行為から公的行為への転換も、公的行為への参画によって獲得が目指される「理想」と、そのような参画の結果展開される「興ざめな現実」との乖離によってさらなる転換を迎えることとなる。公的参画の中で人々は徐々に、「現実」と「理想」の懸隔を自覚するようになるが、しばらくの間「過剰関与（overcommitment）」あるいは「耽溺（addiction）」といった形で公的行為に従事する状況が続く。だが、そのような状況の中でも、完全に私的行為を締め出した生活はそもそも成り立たないことが自覚され、再び当初放棄された私的行為への転換、つまり人々の私的行為への回帰がなされてゆくのである。

このように費用便益計算に裏打ちされ、「私的利害」の観点を陰に陽に抱懐するホモ・エコノミクス的な人間像は、そもそものところ先に述べた共和主義の主体たる「有徳な市民や愛国者」と全き意味で相反するものではあるが、かかる人間像に立脚する見解は「公共善」を所与のものとして措定し、私的利害を度外視するような議論の展開に楔を打ち込むものとして看過し得ない問題提起をなしていると言えるだろう。

ハーシュマンの議論の中で最も強調されるべきなのは、第一に、私的行為の基礎をなす個別利益に対して全否定の姿勢がないことである。公民的共和主義においては、私的利害に関心を持つ状態が必要以上に貶められ、そのような状態は、脱せられるべき「臆見（doxa）」の状態であるとされて来たと言えるが、ここには到達さるべき究極の「エピステーメー」の如くに公的参画を措定する卓越主義がある。翻って、ハーシュマンの循環的モデルにおいては、個別利益に基づいた私的行為の存在が「自然なもの」として措定されているのである。

また、このことから帰結する第二の長所として、ハーシュマンにおいては、私から公への媒介が単線的・目的論には捉えられることなく、有限のライフ・サイクルの中でのパート・タイマー的参画を許容されている点が挙げられる。公民的共和主義のアテネ市民を範例とする参画モデルは、少なくとも「意識」の面では二十四時間・三百六十五日の公的参与を要請する点であまりにも高いハードルを課すものであったと言わざるを得ない。

以上のような形で、所謂「公民的共和主義」における「私的利害」の等閑視を問題化したわけだが、叙上のハーシュマンの議論はある意味で諸刃の危うさを有していることが注記されなければならない。(3) 先にも示したように、彼は「公共善には何の関係もなく、私的福利の増進と蓄積を直接に目指すような……生活」が「人間にとって完全に正当な行動様式」であることを認めているわけだが、このように「私的利害」を所与・自明のものとして捉えることは、個人の「選好（preference）」を固定・不変のものとする謬見へと繋がり得ることが危惧されるのである。

私的利害＝選好を出発点としつつ、なおかつ公共性を標榜することは、利益集団の既得権への固執や単なる生活保守主義へと容易に矮小化される。したがって、このような疑似公共性から訣別するためには、特殊主義な個別・私的な利害＝理由を超えた公共的な理由付け、つまり普遍主義的正当化が要請されることになるのである。このような普遍主義的正当化の必要性は、さらにテーゼⅣとして示されることとなるが、ここでは議論を一旦措いて、後段にその詳細を譲ることとしたい。

第二章　テーゼⅡ「離脱・アクセス可能性」

本章では先行する第一章で示された公共性概念に関するテーゼⅠに引き続き、さらなるテーゼの析出を試みることとなるが、まずは再びカントの小さなテキストへと踵を返すことから始めることとしよう。

一　テーゼⅡの反照的析出

ここでは「啓蒙とは何か」に含まれる問題点を剔出し、そこから反照される形で公共性概念を規定する二つ目のテーゼを析出することを目指したい。

すでに検討の対象となったテキストの中でカントは次のように言っている。すなわち、「啓蒙」が成就されるためには「自分の理性をあらゆる点で公的に使用する自由」が必要とされる、と。これに対して「理性の私的な使用」は一定の制限のもとに置かれることになるわけだが、ここにはある種の矛盾があるように思われる。それは、理性の私的な使用の制限、すなわち私的領域＝部分的共同体における「論議」の禁止と「服従」の要請である。すでに述べたように、カントは部分的共同体＝私的領域における理性の行使（理性の私的な使用）を制約するものとして、共同体の「利害関係（＝公的目的）」を提示している。教区に任ぜられる牧師の例で明言されるように、「彼自身としては十分な確信をもって是認できないような」ものでも、「そのなかに真理の潜んでいることが、必ずしも全く不可能ではない」限りにおいて、「彼」はその共同体の「公的目的」、すなわち、ここでは「教義に従う」と言った形で具体的に表される「共同体の利害関係」に十全な配慮を払い、「服従」することが要求されるのである。では、この「彼」が「啓蒙」を成就するための条件、すなわち「自分の理性をあらゆる点で公的に使用する自由」はどのようにして実践されるのであろうか。ここに問題が存在するのである。

カントにおいては、すでに明らかなように「理性の公的な使用」、つまり「著述や論文を通して」自らの理性を公的に使用することと、現に「彼」が所属する「共同体」内での地位・職分に基づき「論議」せず、かつ「服従」することとは無理なく両立するはずなのだが、このような「両立」はそれほど容易に達成されるのであろうか。

カントはこのようなジレンマについて、例えば牧師が自らの属する教会の教義の矛盾を認めるなら、「彼は辞職するべきである」と簡単に言い放つ。よし、彼、牧師はかくして他宗・異教に改宗するか、あるいは自ら独自の教義を編みだし新たに「共同体」を創出するだろう。しかし、ある「共同体」から離脱することは、何らの痛みもなく易々と遂行され得るものではない。我々は複雑に重なり合う「利害関係」の網の目の中に定位される存在なのである（この点については、すでにハーシュマンを援用して論じた）。「すべてのひとが著述や論文を通して理性を公的に使用する」という命題は、現実における人々の非対称性、つまりすでにフレイザーがハーバーマスへの批判点（既出①「かのように（as if）」の

「対等性」の前提）として挙げた「括弧に括られた社会的不平等」という問題を反復するものでしかなく、現実を無視した否定的な意味での理想でしかない。あらゆる「利害関係」から超越した「立場」はどこにもない場所に拠って立つこととさほど径庭がないように思われる。

以上のような「啓蒙とは何か」が含有する問題点から照射される形で、公共性概念を規定する第二のテーゼとして、ある「共同体」の成員がそこから「現実的に」離脱可能であること、そしてそのような「共同体」の「利害関係」・「公的目的」が外部からの批判に対して開けていること、すなわちアクセス可能であることが提示され得ると言えるだろう。したがって、ここでのテーゼは、

【テーゼⅡ】帰属共同体に対する離脱・アクセスの可能性が担保される

という形で定式化される。

二　「共同体に帰属せざるものなし」

すでに最前のような形で析出されたテーゼⅡであるが、そこにはあることが前提として織り込まれている。すなわち、それは「共同体に帰属せざるものなし」という前提である。

ロールズ『正義論』[1]に対する応答という形でサンデルによって端緒を開かれた所謂「リベラル＝コミュニタリアン論争」は、この「前提」に牽連する重要な示唆を与えるものであると言えるだろう。

この問題系については、もはやこれ以上の蛇足を加える要もないかもしれないが、あえて略述するなら、それはロールズが「正義の善に対する優先」〔井上 1993:216〕という形で示したテーゼ、及びそのテーゼと論理的連関性を有する形で描出された「個我（self）」のあり方に対し、「共同体論（communitarian）」と他称される論者たちから応答がなされる形で展開された議論の系である。この議論の冒頭においてサンデルは、ロールズによって描き出された「リベラルな個我」のあり方が反省能力を欠く「負荷なき個我（unencumbered-self）」〔Sandel 1982〕であることを批判し、それに代位するものとしての「定位された個我（situated-self）」を提唱する。彼に続く論者たちも、サンデルと同様にアトム化されたリベラルな個我像に対置された「物語的存在（story-telling animals）」〔MacIntyre 1981〕・「自己解釈的存在（self-interpreting being）」〔Taylor 1985〕などと言った形での独自の「個我像」を提出してきている。莫大な数の論考を産み出し、数え切れない程の論者を巻き込んで来たこの論争は、テイラーの指摘するように、そもそものところでの「擦れ違い（cross-purpose）」〔Taylor 1995〕を内包したものであった感も否めないが、ともかくも焦点化の対象から暫時外されていた「個と共同性」というアポリアに新しい光を照てたという点で、その意義は少なからず評価されてしかるべきだろう。

節の発端に話を戻すが、このような形で少なからぬ議論・吟味の対象となった「個我」の「共同体」に対する帰属——すなわち「共同性」の対象化は、まず踏まえられねばならない一地点ではある。がしかし、それが唯一の可能的観点ではないことが留意されなければならない。いささかの喩えを許されるなら、ここでは所謂「充満論（theory of plenitude）」と「原子論（atomism）」の相克の歴史が導きの糸を紡ぎだしてくれるだろう。

「自然ハ真空ヲ恐怖スル（natura abhorret vacuum）」ことを標榜した「充満論」は、かつて「なにものも存在しない空間における個物」を想定する「原子論」を否定したが、アリストテレスからデモクリトスへのかかる批判は、「延長（extensio）」が物体の本性をなすという形でのデカルトの真空否定論［Descartes 1633］へと引き継がれ、さらにトリチェリ・パスカルの水銀柱（真空は存在する）において逆転し、重ねて十九世紀に入って光の波動説（光波の媒体としてのエーテル物質の必要性）が真空の存在を否定するに至って再逆転の様相を呈した。しかるに昨世紀には相対性理論や量子力学の登場によってエーテルの存在余地は否定されたものの、電磁場・重力場などの知見に基づき全き真空の存在は否定され今日に至っている。[2] 実証もしくは理論科学への蒙昧を顧みずに敢言するなら、かかる多重否定の重畳の歴史は、単なる結果としての「真空恐怖（horror vacui）」テーゼへの帰依を促すものでもなければ、これまでの逆転の重畳過程を愚かしい連続的錯誤による時間の空費としてでもなく、むしろ「存在」そのものに対する理解の豊饒化過程として捉えられるべきであろう。

リベラリズムと、それを政治的アトミズム、つまり原子化された「個人」という相の下での個我像を描き出すものとして批判する共同体論との間の果てない応酬——この両者の相克は、まさに叙上の「原子論」と「充満論」相互の否定反復、そして今までのところの後者の（恐らく）暫定的な勝利と相接するものである。

磁力場・重力場などの相互作用の場の存在をもって「真空恐怖」テーゼが一旦勝利を収めたのと同様に「共同体に帰属せざるものなし」——つまり、個我は「社会的真空」の中にではなく相互に作用しあう関係性の中にしか成立し得ない、という共同体論の中核的モチーフは、肯綮に当たるものとさるべきであると言える。がしかし、すでに述べたように肝要なのは、一方的勝利を判定して事足りることではなくして、むしろそのような対立過程自体に胚胎する生産的緊張を自覚しつつ新たな批判的思考を展開する点にある。

本章の後続する部分では、以上のような存念の所在を確認した上で、「共同体に帰属せざるものなし」を抱懐しつつも、そのことによって新たに発見される問題を検討の俎上に載せることとしてゆきたい。さしあたって、次節では個と共同性を考える上での最も基底的な問題のひとつに議論を移すこととしよう。

三　共同体の問題性——その端緒

重ねて「啓蒙とは何か」に回帰するが、すでに牧師の例にも見られたように、カントはこの中で「啓蒙の重点を主として宗教に関する事柄に置いた」ことを明確に述べている。彼自身このような重点の置き方は、当時の時代的制約によるものであることを認めているが、本章で検討の対象とされる「共同性」と公共性概念そのものとの関連においても、この「宗教に関する事柄」は重要な含意を持つものであると言える。以下では一旦迂回して、かかる「共同性・宗教・公共性」という問題系の来歴を辿ることとしよう。

さて、坂部恵によれば、哲学史上の所謂「普遍論争」は、「実在論」と「唯名論」の相克——つまり「個」と「普遍」のいずれを実在とするかを争ったものとしてではなく、むしろ「個体を限定された definite なものと見るか、それとも汲み尽くしがたく非限定 indefinite なものと見るか、という対立にその由来をもつもの」として認識される［坂部 :69］。さらにその所論に従うなら、ここでの実在論の立場はアリストテレスにまで遡って「同胞の認定というきわめて実際的なときに生臭くさえあることがらにすくなくともその淵源のひとつをもつもの」として描き出されるものであり、「オッカムの剃刀」によって叙上の「同胞の認定」や「普遍者」との媒介から切断される形で「個」の概念は成立するに至ったのであった［同書 :70］。かように「普遍者」や「同胞」の媒介を経ずして存立し得る「個」の認知は、宗教上の普遍者たる神やその代理人たる教会のもとでの共同性に先行して存在する抽象的個人概念の成立へと繋がり、さらに「あらゆる社会制度をフィクションとして」扱う思考の有力な拠点となっていったのである。このように抽象的個人概念を出発点とする思考は、後に近代個人主義を哲学的背景としつつ、その政治的貫徹を目指した社会契約説へと結晶してゆくこととなるが、同時にこの潮流が本節で問題とされている「共同性・宗教・公共性」という系に関して看過し得ない影響を与えたことは留意されてしかるべきであろう。

すでに述べた抽象的な「個」の概念の成立は、「個からなる共同体としての世俗と教会」を分かつのみならず、「国家」と「宗教」の分離、すなわち「政教分離の原則」を導き出し、また同時に近代立憲主義下における中核的・始源的な権利たる「信教の自由」を産み出したのである。フランス革命時における——教会のもとでの共同性をも含む——中間団体の徹底的破壊とそこからの個の「解放」は、「個人化」の進展であるとともに「国家化（étatisation）」［樋口 1993 :35］のモメントを画すものでもあったが、近時における所謂「チャドル事件」(3)［樋口 1993:114］に見られるような、普遍的人権、及びその論理的相関物たる「政教分離（laïcité）」と「多文化主義（multiculturalism）」が相克する図式は、本節での問題項たる「共同性・宗教・公共性」という系に照明を与えるものであると言えるだろう。

四　多文化主義とフェミニズムの観点から

本節では前節における「共同性・宗教・公共性」という問題系の来歴とその現代的展開を踏まえた上での検討がなされることになる。若干の敷衍を施すなら、ここでの「公共性」とは、特定の集団における宗教・文化といった形での「共同性」とその構成員たる「個」、そしてかかる多様な諸集団を包摂する全体社会としての「国家」という三者の間での拮抗反発に関するものであると言うことができるだろう。以下では、特に近年上記に挙げた多文化主義とフェミニズムの間に存在するジレンマを剔出し問題の所在自体を闡明化した論者としてオーキンと、多文化主義の代表的論者たるキムリカからの議論を検討してみることとする［Okin 1999］。

多文化主義とその批判

すでに述べたとおり、近年盛んに取り上げられるようになった、多文化主義ではあるが、その詳細な議論の展開は、キムリカにおいて看て取ることができると言える［Kymlicka 1995］。したがって、以下ではまず彼の所説を本書での議論と関連付ける形で簡便に要約することとしたい。

極めて雑駁にかいつまんで言うなら、ここでの出発点としては、現に危機に晒されているマイノリティ集団が存在することが問題意識にある。この「危機」とは、キムリカの言葉で言うなら、社会構成的文化（societal culture）を有するマイノリティ集団が、自集団を包摂する全体社会に対して自らの文化を維持してゆくことが、現にできなくなりつつあることを意味する。社会構成的文化とは、「〔その集団を構成する〕メンバーに対して、社会・教育・宗教・余暇・経済生活のすべてを含む人間活動にわたり、また公私の領域にわたって、有意義な生活様式を供給するような文化」を意味し、かような文化が全体社会の中、あるいはそれと拮抗する形で維持し得なくなりつつあることが憂慮されるのである。このような問題意識の帰結としては、かかる文化を有する集団に特別な権利、すなわち「グループ権（group rights）」を付与することによって、自らの文化を維持・発展せしめることが提唱されることとなる。キムリカは、このようなグループ権の内容を、①当該集団に帰属する成員の自由を制限する権利（internal restriction）と、②外部にある全体社会に対する脆弱さから集団（の文化）を保全する権利（external protection）という形で分類し、通常の個人権に抵触しない後者はさて措くとして、前者に関しては懐疑的な姿勢を見せる。このようなキムリカの立場は、個人権に一定の配慮を示す点でリベラルな観点に包摂される穏当な多文化主義に属するものであるとも言えるが、現実にかかるマイノリティ集団に属する当事者からは、前出の internal restriction をも積極的に擁護されることも一切ならず頻々であり、その点問題が生じることとなる。

さて、オーキンは叙上の問題点を踏まえた上で、多文化主義とフェミニズムのいずれもが「平等の理念」という観点からなされた主張でありながらも、頻々「女性を平等に取り扱わない」という点で後者は前者との間に調停し難い対立を包含していることを鋭利に剔出する。彼女によれば、上記のようなグループ権は、次のような批判に応えられていないことになる。すなわちそれは、①当該集団内での同質性を所与のものとして規定し、内部における差異を等閑に附しているが、実際にはその内部はジェンダー化されていることが看過されている点、②全体として把握される集団に視点を限定しているが、集団以前の私的領域──特に家庭における諸個人の関係に対する視点が欠落しており、かような私的領域自体が公的領域、すなわち当該集団の規律の決定・維持過程への関与を規定している事実が等閑視されている点、において批判の対象となるのである。

以上のようなオーキンの所論に対して、キムリカはフェミニズムと多文化主義は双方ともに伝統的リベラルの「平等は同一の取り扱いを要請する」という仮定に挑戦する主張を展開している点を強調し、したがって両者が敵対ではなく共闘することを主張しているが［Kymlicka 1999］、このような両者の論争に対しては、すでに述べた社会構成的文化を有する共同体（＝集団）に帰属する当事者からの反論も数多く提起されている。ここでは本節における問題関心──「共同性・宗教・公共性」という問題系に沿った形で、かかる諸反論を図式化し、それらの問題点をさらに検討に附することとしよう。

共同体帰属当事者らからの反論

オーキンに対して寄せられた数多くの反論の中で、最大の議論の対象となったのはジェンダー──しかも身体そのものに直裁に関わるクリトリス切除（clitoridectomy）の問題であったが、かかる諸反論の少なからぬものが、共同体の不可欠な構成要素をなす宗教に関わるものであったことは、ここでは特に注記されてよいだろう。本節では特に具体例にまで踏み入ることを避けるが、宗教的共同体の多くは、性差別的実践を伴う「教義」を有しており、このような教義が共同体内部の自足した観点のみから正当化され、外部全体社会もしくは普遍的正当化に対して閉じられている点に問題があると言える。「共同性・宗教・公共性」という本節における問題系から看取するなら、このような教義への自足・自閉は、すでに挙げた公共性概念を構成するテーゼⅡ「アクセス可能性」に抵触することとなる。すなわち、特定共同体の規定する「公的目的」——ここでは教義を含む当該集団の社会構成的文化を外部全体社会に対しての防衛——の正当化過程が外部に対して開けていないのである。とは言うものの、周知の通り現在の立憲主義体制下においては、国家が宗教的共同体の有する教義の内容自体にまで立ち入ってそれを検討の対象とすることは否認されていることは注記されて然るべきである。がしかし、かような自閉的教義を当該共同体に帰属しない者をも含んだ形で間主観的に正当化する積極的な「権利」はなんぴとにもない。

また、テーゼⅡにおいても示されたように、かかる宗教的共同体のほとんどにおいて、その教義及びそこから派生する諸実践は、極めて少数の例外（成人後の主体的選択）を除けば、幼児期からの人格形成に密着する形でビルトインされるものであり、そこにあるのは選択の主体自体があらかじめ損なわれた形での擬似的な主体性でしかない。したがって、ここではテーゼⅡに示された離脱可能性は全き意味で滅却されていることとなる。

理性と信仰

以上のような形でカントが「宗教に関する事柄」という言葉で表したものが根本的に公共性の標榜

とは相容れないことを示したわけが、だからといってそれ（宗教＝信仰）が全く無意味・有害なものであるというわけではない。先に「離脱可能性」が保障されていないことを難詰したものの、当人が真に自発的に選択を行っている（あるいは行った）か否かは、自由意志や順応的選択形成など頗るつきのアポリアを含むものである。また、ベネディクトゥスによって修道院での共同生活のもと「共修士」として過度な苦行が禁止されるに至る以前、砂漠に放浪した聖アントニウスの如き「隠修士」として自律的に自らの身のみに対して苦行を課すといった形での徹底的な信仰の貫徹が見られたが、[4]かような信仰は（「在りて在る者」以外の）他者とは本源的に何の関わりもないものであり、その点では「無意味・有害」とは言い難い。以上のような（雑駁ではあるが）諸点からは、信仰それ自体が積極的に「無意味・有害」であることは判断を留保されるべきことではあるが、殊「公共性」に関わる限りでは、かかる信仰を根拠・背景とした「公共性」の標榜は許容の埒を越えるものであることが強調されるべきであると言える。パスカルの「パンセ」は「キリスト教護教論」として構想されたものであったが、信仰なきものを理性の言葉で説き伏せようとする試みであり、また彼自身は自らが体験し、かような「護教論」を展開する駆動力となった「奇蹟」の出来に関して他者に開陳することは一切なかった。叙上、信仰を有しながらも「公共性」を標榜しようとするものは、須くパスカルを範とするに如くなきであろうか。[5]

五　association / corporation

association の積極的意義

すでにテーゼⅡ「帰属共同体に対する離脱・アクセス可能性」を析出し、その proviso として「共同体に帰属せざるものなし」を挙げたが、ここでは前節における「共同性」の批判から一転し、差し当たっては、かかる proviso と通底する「共同性」の積極的側面について管見してみることとしよう。

これまでに検討の対象とされた「共同性」の担い手たる集団は、カントが言うところの「理性の私的な使用」を制限するもの、つまり当該共同体の「公的目的」を、謂うなれば「特殊主義的」に正当化しようとするものであったと言える。しかし、「共同性」の担い手たる集団には他のありようも可能であり、そのことを端的に言い表したものとしては、次のようなトクヴィルの言葉が想起されるであろう。

> 感情や意見を生み出し、人の知性や情緒を大きくし成長させるのは、人間の他人に対する互恵的な影響だけである。……かかる様々な影響は、民主主義国家には皆無であり、それゆえこれらは人為的に創出されなければならず、これを唯一達成できるのがアソシエーション（association）なのである。［Tocqueville 1835: 英訳 Vol. II :117］

トクヴィルは、家族や友人などの一次的結合と国家の間に介在する、二次的アソシエーションの自発的な性格に特に大きな関心を抱き、それを旧大陸における垂直的関係に代替するものとして称揚したわけだが、如上のアソシエーション肯定論は、以下のような二つの視座に基づくものであったと言われる。つまり、第一にそれは、当時のアメリカの社会状況を「社会的利益の集団による代表」という形で公準化し、また、第二にアソシエーションを一次的な結合から個人を解き放ち「正しく理解された自己利益」へと個人を導くものとして描き出したものだったのである［Warren:29ff］。

如上、アメリカ合衆国におけるアソシエーション（結社）の複生（proliferation）状況とそれを称賛したトクヴィルの議論のみならず、「結社の自由」そのものを肯定的に把握・了解し、それを人間の人格的発展の可能条件――つまりは、「人間の条件」として把握する議論は少なからず存在する。(6) また、他方では叙上の「人間学」的見地とは別個に、国家による権力の一元的独占に対抗する形で、多様な政治的アクターの複生――すなわち、権力の多元性を担保する観点からのアソシエーションの肯定的把握も可能であると言えよう。このようなアソシエーションの可能性は「共同性」の積極的契機を示すものであるが、ここではそのような契機の具体的展開を後段における「公共性概念の十分条件の検討」に譲ることとし、再び「共同性」の問題点を既出テーゼⅡに即して剔出してゆくこととしたい。

「権力性」その他の問題

先に結社の積極性を肯うものとしてトクヴィルの言葉を引いたが、全く正反対の方向へと「共同性」を把握・了解する見解もまた存在する。J・S・ミルは、次のように言う。

社会は、さまざまな政治的圧制よりもさらに恐るべき社会的暴虐を遂行することになる。なぜならば、社会的暴虐は、必ずしも政治的圧制のような極端な刑罰によって支持されてはいないけれども、遙かに深く生活の細部にまで滲透し、霊魂そのものを奴隷化するものであって、これを逃れる方法はむしろ、より少なくなるからである。［Mill 1859: 訳 15］

ミルがかく指摘したような所謂「社会的専制」の問題は、さらにロックの次のような言葉――「自分自身の団体（club）にたえず嫌われ非難されても耐え抜くほどの強情で無感覚な者は、一万人に一人もいない」［Locke 1823: 訳第二巻 351］によって、本節での問題意識、すなわち国家とは区別された「社会」の領域における団体の問題性へと直截に導かれる。

シェイエスもまた『第三身分とは何か』において「団体利害」を「個人的利害」と対置し、前者を「共同体において最も危険な企てがたくらまれ、最も恐るべき敵が形成される」母胎として否認しているが［Sieyès 1789］、かかる結社への憎悪は周知の通りフランス革命時における中間団体の徹底的な破壊（Allarde 法、及び Le Chapelier 法）と、それによる個人の析出・解放と緊密に連携したものであることが付記される。

すでに肯定的な形で引かれたトクヴィルの言葉ではあったが、ウォレンはその議論に以下のような点で問題があることを指摘している。すなわち、後に続く association 論に大きな影響を与え続けた如上の議論を「トクヴィル的パラダイム」という名のもとに括った上で、このパラダイムには次のような四つの問題があることを彼は主張している。すなわちトクヴィルにおいては、①「国家＝市民社会」という二極構造的（bipolar）理解がために、非国家的領域における「内的権力関係」、及び②「社会経済的権力」が看過され、また③その時代的制約により「福祉国家」とアソシエーションの関係という視点が欠落し、④かような「二極」を所与のものとして措定するがために、アソシエーションが代替的な統治形態（modes of governance）として存立する余地が失われてしまうのである［Warren:32ff］。

かかる指摘を踏まえた上で、以下では上の如き「団体＝結社／共同性」の問題点を具体的な形で描出し、「公共性」概念に関するテーゼⅡの補強証拠とすることを試みたい。

corporation としての共同性

先に述べたフランス革命時に否認の対象となった共同性の担い手は、アラルド法（le décret d'Allard）[7]によって禁止されたギルドがそうであったように、その少なからぬものが「身分・職能的社団（corps）」[8]であったが、現在において問題となる「社会的専制」と相接した共同性の担い手は「身分・職能的」であるよりは、むしろ頻々「経済的企業体」たる corporation であると言えるだろう。

先に association の多様性を擁護したトクヴィルであったが、既出引用文中にも見られる通り、彼は「民主化＝平等化」を不可避的な歴史の趨勢として認識しながらも、それを自由への脅威として受け取っていたことが窺われる。

これに対してダールは、かかるトクヴィルにおける「民主的（démocratique）」の理解を批判し、同時にトクヴィルの称揚する自律的アソシエーションに伴う少なからぬ弊害を剔出しようとしており、このダールによる問題提起こそが叙上の corporation の問題性へと結節するものであると言える[9]［Dahl 1985:esp. Chap.1］。

ダールの所謂「ポリアーキー（polyarchy）」概念は、複雑な構成を有するものではあるが［Dahl 1971］、少なくともそれはトクヴィルにおけるのと同様に、社会的領域における多様なアソシエーションの複生を重視する要素をも包含するものであると言えるだろう。しかし、他方で彼はトクヴィル的な自律的アソシエーションの称揚に留保を示し、如上ポリアーキー概念のコロラリーたる①「自律的アソシエーション擁護論」と所謂②「ロック的所有権論」の両面から正当化される「経済集団」、すなわち corporation の問題性へと目を向けている［Dahl 1982］。

ダールによれば、人々が生活の大半をその中で過ごす現代の corporation は、上述のような「経済集団正当化理論」によって、企業の運営に比べればずっと民主的な政府による外部からのコントロールに対抗する「強力なイデオロギー的障壁（powerful ideological barriers）」［Dahl 1982:137］を提供され、その内部で「非民主的な運営」を恣ままにしていることが指摘される。彼はこのような認識に基づき、自律的なアソシエーションとしての corporation は残しながらも、その内部での民主的な運営を強化する途を採るべきことを説き、彼の所謂「自治企業（self-governing enterprise）」［Dahl 1985:105ff］を構想する。

ダールによれば「自治企業」とは、「協同組合」・「自主管理」・「産業民主主義」などと呼ばれて来たものであり、そこでは「集団的所有」に基づく民主的統治が行われる。かかる構想は、国家の場合と同様に経済的 corporation の内部にも「治者／被治者」という権力関係が存在することによって正当化される。ダールに言寄せするなら、「民主主義が国家の統治において正当化されるなら、民主主義は企業の統治においても正当化されなければならない」のである。ダールにおける「自治企業」は、「投票上の平等の基準[10]」を中核に据えた「代表制」（≠直接参加）形態を取るものであり、そのようなものの成功例としては、スペインの「モンドラゴン協同組合[11]」などが挙げられている［Dahl 1985: 訳 144,

156]。

しかし、このような「自治企業」の成否には何らの疑問もないわけではない。彼は、パリ・コミューンを論じたマルクスの『フランスの内乱』[Marx 1870] 中に示される「協同組合論」としての「可能なるコミュニズム (possible communism)」という発想を踏まえ「自治企業」を構想するわけだが [Dahl 1982:112]、このことに関連する形で次のような指摘もなされている。

アレントは『革命について』の最終章で「革命的伝統と失われた宝」という表題の下、パリ・コミューンやドイツのレーテ、あるいはハンガリー革命時の評議会などを肯定的に、すなわち「失われた〝宝〟」として描き出しているが、それらは以下のような点で失敗することになったと言う(12) [Arendt 1963:esp. Chap.6]。


政治家あるいは政治的人間の能力と、経営者や管理者の能力は、同じものでないばかりか、同じ人間の中にともに備わっていることはめったにない……一方は、その原理が自由であるところの人間関係の分野で、人間を扱う仕方を知っているものであり、他方は、その原理が必然性であるところの生活の分野で、物と人とを経営する仕方を知っていなければならない。工場の評議会は、物の経営の中に活動の要素を持ち込んだが、これは実際混乱をつくりださずにはすまなかった。[ibid.: 訳 434]

「自由」と「必然性」というアレント独自の視角のもとでの、このやや悲観的とも言える指摘は肯緊に当たっているようにも見える。とは言うものの、叙上「工場評議会」・「協同組合」などの是非については、現在に至るまでの間に、少なからぬ数の論考が堆積されており、その点ここでなにがしかのことを結論付けることは本書の眼目から大きく逸脱するものであると言わざるを得ない。したがって以下では項を改め、現実・現状の経済企業体における問題系を特に我が国における「労働組合」に牽連する形で剔出することとしたい。

「個人―団体―国家」への一視角

八〇年代以来の「労働組合の冬の時代」の中、労使関係を規律する「集団的労働関係法」の領域は停滞し、むしろ個別の労働関係を直接の対象とする「個別的労働関係法」の議論に労働法の焦点はあてられて来たと言われる［野川 1998］。

実際、組合員の組織率は低下し、構成員の中には「保険としての組合」化傾向が、国民各層においては労働運動に対する信頼低下傾向が見られるようになっている。このような現象の背後には、パートタイマーなどの企業帰属性の希薄な労働層が激増したことにより、「正規従業員」のみをその構成員とする「排除的同質性」に基づいた従来的な日本特有の労組のあり方が綻びを見せていることを看て取ることもできる。また、かかる労組の凋落に牽連し、近年では労基法上の「過半数代表制」を従来の労組を補完するものとして整備しようという議論も存在する。[13]

このような「労働組合論」自体の凋落は、これまでに述べてきた経済的 corporation にまつわる問題系において、労組を特に取り上げることをやや躊躇させないわけではない。しかし、憲法二八条に特に明記されたこの団体が、その歴史的淵源とそれにまつわる種々の議論の蓄積に鑑みて一考に値する対象であることは否定され得ないだろう。このような理由から、以下では corporation の内部における association とも言える労組に関して若干の考察を行うこととする。

かつて労働組合運動が盛んであった時期には、労働者を階級的同一性のもとに把握し、かかる階級内団結の必然的表現形態たる労働組合を「闘争団体（Kampforganisation）」として規定するような形での議論が見られた［沼田 1972］。この議論では、階級利害還元論と生存権論に直結する形で、団結を「集団的存在としての労働者の必然的な発現形態」［西谷 1989:42］として理解・把握し、通常の「結社する自由」とは位相を異にする「団結する自由」のもと、強度の「内部統制」・「組織強制」に基づく「集団主義的」労組論が展開された。すなわち、そこでは孤立した個人ではなく、「労働者」という形に結晶した具体・社会的存在としての人間理解が前提され、そのコロラリーとして「結社しない自由」が「団結する自由」に劣後することが主張されたのである。

しかし、このような「伝統的労働法理論」は、まず「闘争性」に過度の力点を置いた団体の性格規定の仕方にいささかならぬ問題を孕むことが指摘される。というのも、そのような性格規定は、すでに見たように容易に内部的抑圧と外部に対する排除的同質性を帰結するからである。ここでは、agon が agony に転化していると言えるだろう。また、如上の伝統的理論は「自己決定」という観点からも、その集団本位主義的傾向を疑問に晒されていることが指摘される。かかる観点からの論者としては西谷敏を挙げることができるが、彼によれば団体としての労組の把握に関しては、次のような二つの見解の対立が存在する［西谷 1989:52］。

一方は、「公的団体論（governmental model）」と呼ばれるもので、労組を「公的団体」として捉え、団体とその構成員たる個人の関係を「国家と個人の関係」とパラレルに把握するものである。このような立場からは「内部統制」に対する積極的な司法審査のみならず「法律による内部関係の規制」が論理的に帰結されることとなる。

もう一方の議論は「団体の私法＝契約的把握」とでも呼称され得るものであり、そこでは「個人の意思を出発点」にした内部関係の法的構成、すなわち「契約的把握」が図られ、構成員は国家による介入（＝司法審査）ではなく、私人間の裁判によって保護されることが要請され、したがって内部関係に関する規制的立法も手控えられることとなる。

西谷は、まず団体ありきの「公的団体論」を斥け、後者の「契約的把握論」を採るわけだが、ここで重視されているのが先述の「自己決定」の観点であると言える。このことは、後者に見られるような「団体の契約的把握」を以下のような形で一般的に拡張することによって十全に理解されるだろう。すなわち、団体を個人の「自発的参加」によって形成されたものとして把握するなら、かかる参加を支える当初の選好を減却するが如き「内部統制」は許されないことになるのである。このような主張は、団体の所謂「任意主義（voluntarism）」的把握からも導出され得るものだが、そこではさらに団体からの脱退・被排除が深刻なコストの掛かる場合は当該団体を国家の延長として捉え（シンメトリー主義）、そこに「団体人格擬制論」・「特権理論」を加味した形で「国家による介入」は是認され得ることになるのである［伊藤 1999:7］。

西谷は、「使用者に従属しつつ、なお自己決定を行う主体的人間としての労働者像」に基づき、叙上の「任意主義」とパラレルな議論を展開するわけだが、かかる「労働者像」の措定には極めて困難な問題が浮き彫りにされていると言える。

西谷自身も、労働者の自己決定を「一次的／二次的自己決定」と慎重に分類しているように、自己決定の基礎をなす主体の選好形成には原理的な困難さがつきまとう。このような「自己決定」自体の非決定性とでも言い得る問題状況は、本章において析出されたテーゼⅡのみでは解決のつかない問題であるが、加えてかかる「決定」の主体たる「労働者」を保護するにあたっても、パラドキシカルな状況が現出することとなる。

すなわち、先に挙げた「公的団体論」が容易に「直接的かつ事前の団体規制」を帰結し、同時に「任意主義」もまた、その「シンメトリー主義」が故に国家による容易な介入を招くこととなるのである。伊藤明子が剴切に指摘しているように、これらの理論がもたらす帰結は、「社会的専制」の除去と自由の回復を目指す者のみならず、そのような「自由の敵の側、すなわち抑制のない国家権力を擁護する」者によっても稀求されるものであることが銘記せられるべきであると言えるだろう(14)［伊藤 1999:13］。

したがって、本節の結論としては、「国家介入」のモメントを射程に入れた場合には、テーゼⅡのみで自足的に「公共性」が担保されることは適わず、むしろ残余＝テーゼとの連合においてこそ、叙上の問題系に処することができるということが主張される。

ここで、これまでの流れを小括しておくと、以上のような形で特に corporation その他のあり方に牽連して示された「共同性」の問題点は、①内部統制への参画という形（ダールにおける「自治企業」）

での構成員の内的アクセス、及び②外部全体社会からの介入・容喙という形での外的アクセスという二つの論点にも示されたように、それが本書における公共性概念のテーゼⅡと接合性を持つものであることは明らかであると言える。しかし、同時に直上にも示された通り、外部からの「国家介入」のモメントを射程に入れた場合には、テーゼⅡ単独では対応不能となる。したがって、かかる「国家介入」自体を対象としても、「公共性」概念の諸テーゼが貫徹されることが要請されることとなるのである。

第三章　テーゼⅢ「公開性」

一　テーゼⅢの析出

本節では、これまでたびたび参照されて来た小文「啓蒙とは何か」に加えて、アレントの解釈を経由した「カントの政治哲学」とでも呼びうるものを導き入れつつ、テーゼⅢの析出を試みることとしたい。

ところで、カントの諸論考中、「政治哲学的」なものとしては第一等の重要性を持つとされる『永遠平和のために』［Kant 1795］は、そのタイトルが端なくもオランダの酒屋の主人が考えた風刺的な看板“Zum ewigen Frieden”から採られたものであることをカント自身がその著の冒頭で記しているように、カントにおける「政治哲学」は、それまでに著された三大批判などのカント哲学の中核をなすものに対し構想として劣後するものであると言えなくもない。アレントがカントの「政治哲学」を称揚するものに対して、「たまたまそれらの〔カントの〕論考が自分の主題であったので、それらにそうした身の丈を与えようと望んだにすぎない」［Arendt 1982: 訳 4］という手厳しい言葉を浴びせているように、本来カントの「政治哲学」なるものは議論の埒外に放置さるべきものなのかもしれない。実際、カントは纏まった形ではいかなる「政治哲学的」論考をも著してはいないのである。

しかし、晩年のカントはフランス革命によって「第三の覚醒」とでも言うべき画期を迎えたとも言われている［Ferry 1988］。ヒュームが彼をして「独断のまどろみ」からよび醒まし、ルソーの『エミール』が「道徳的まどろみ」からの覚醒を促したように、フランス革命に接したカントは「政治的まどろみ」からの覚醒を経験したのである。かような「第三の覚醒」経験の存在は、カントにおける「政治哲学」的モチーフの抱懐が、少なくとも積極的には否定し得ないものであることを例証していると言えるだろう。したがって、以下ではまずこの事件、フランス革命に対するカント自身の反応を端緒としつつ、適宜アレントを案内役としながらカントの「政治哲学」へと踏み入ってゆくことにしたい。

さて、カントは『諸学部の争い』でフランス革命を評して次のように述べている。

この事件は人々が犯した重大な所業ないしは悪行から成り立っているのではない。……重要なのは大きな革命の動きのなかで公然と現れる目撃者たちの考え方だけなのである。［Kant 1798: 訳 411］

ここからは、カントにとってフランス革命が「事件」たる所以は、実際に革命には参加していない「目撃者」たちが革命を受け止める、その「受け止められ方」にあることが看て取られるだろう。しかるに、その受け止め手たる「公然と現れる目撃者」とはどのようなものなのだろうか。

アレントによれば、かかるカントの「公然と現れる目撃者」とは、現実に生起する特殊事例（すなわち、ここでは革命という事件）について、それを当事者とは異なる第三者の観点から冷静に「注視」し、利害関係を離れて公平な判断を下すもののことを指すのである［Arendt 1982］。

さらに次のようなカントの言葉に「公然と」の意味が明らめられていることが看て取られる。

なぜ支配者は、自分に反抗する民衆のいかなる権利をも絶対に承認しないと、敢えて公然とは宣言しないのか。……その理由は、こうした公的宣言は彼の臣民の全てを激昂させて反抗させることになるだろう、ということなのである。［Kant 1798: 訳 413］

ここでは「邪悪な思想は元来秘かなものである」ということ、そして「啓蒙」が達成されるためには、「秘か」ではない「公開性」の媒介が必要とされることが確信されているのである［Habermas1990: 訳 145］。アレントは、このような「公開性」として把握される「公共性」を媒介とした啓蒙の企てを、「行為者／注視者（actor ／ spectator）」という図式の中で描き出しているが、この両者はそれぞれに叙上の「革命の参加者／公然と現れた目撃者」として読み換えられるものである。

フェリーによれば、「カントがフランス革命において称賛しているもの」とは、いみじくも「啓蒙とは何か」においてカントが主張した「啓蒙」の達成、すなわち革命が「人間をその未成年の状態から抜け出させ」たことであり［Ferry 1988: 訳 5］、アレントによれば「注視者」こそが、この「啓蒙の企て」に属するフランス革命に相応しい「公共領域」を構成したのである。カントにおける「公開性としての公共性」と「啓蒙の企て」の連関性はハーバーマスによっても指摘されているところであり、ここでは彼が「啓蒙は公共性の媒介を必要とする」旨述べていることを付記することができるだろう［Habermas 1990］。

ところで、このようなカントにおける「公開性としての公共性」という形での問題提示は、所謂「公表性の原理」として知られるものであり、その原理の素描は『永遠平和のために』の付録の中に見ることができる［Kant 1795: 訳 99］。より正確には「公法の先験的公式」と呼ばれるこの原理は、「他人の権利に関係する行為で、その格率が公表性と一致しないものは、すべて不正である」と定義付けられるものである。

以上のようなカントにおける「公開性」に関する所論を踏まえた上で展開されるのが、すでに述べたアレントの「注視者／行為者」の図式であるわけだが、彼女の引用するピュタゴラスの次のような言葉は、この図式の意味するところをよく尽くしていると言える。

> 人生は……祝祭のようなものである。競技するために祝祭に来る者もいれば、商売を営むために祝祭に来る者もいる。だが、最良の人々は観客《スペクテイター》（theatai）としてやって来る。［Arendt 1982: 訳 82］

アレントによれば、かかる「観客＝注視者」は、ある出来事に実際に参加する「行為者」に優位するものであり、それは「注視者」こそが出来事の重要性を判断する尺度を持ち、行為者が行為への没入によって見逃すような出来事の意義を発見できるからなのである。また、注視者におけるこのような冷静な洞察の実存的根拠は、彼らの「没利害性」にあるとされる。

アレントの主張を要約するなら、出来事の当事者ならざる「注視者＝傍観者（on-looker）」たちによって「公共性の領域」は構成され、かかる構成主体である「注視者」は、その「没利害性」によって自らの卓越性を支持されることとなるわけだが、この「没利害性」という条件付けには少なからぬ問題が含まれていることが指摘され得る。

すでに先行する章においても見られたように、私的利害の過剰な軽視がいささかならぬ問題を孕むものであることは一切ならず検討の俎上に載せられてきた。しかるに、アレントにおいては「注視者」の卓越性根拠は上に見られる通り「没利害性」によって支えられているわけで、その点ここでは「公共性の領域」を構成するものを、完全に私的利害から離脱した字義通りの「傍観者」としてではなく、とりあえずは一定の私的利害を抱懐する者として措定すべきことが指摘され得る。

しかし、重ねてすでに検討の対象となっているように、かかる私的利害は所与・自明のものではなく「特殊主義的な個別・私的利害＝理由を超えた公共的な理由付け」を要請されるものである。

このような観点に立つなら、アレントの言うところの「注視者」は、実存在ではない理念的存在として措定されるべきであり、そのような仮想的第三者の臨在こそが、ある出来事に実際の「行為」を伴って積極的に参加する者のみならず、「議論」という形で消極的に参加する者に対しても働きかける「公開性」の制約原理として顕現するものなのである。

したがって、ここまでカントからアレントを媒介した道のりの中で提示された「公開性としての公共性」は、如上の指摘を踏まえた上で、次のように第Ⅲのテーゼとして結実することとなる。すなわち、

【テーゼⅢ】公共性は公開性によって構成される

ただし、その附帯条件provisoとして「公開性を担保する被公開者は、完全な没利害性を標榜する実在の注視者としてではなく、公開の対象となる物事に対して行為の存否を問わずコミットするものを理念的に制約する仮想的第三者の臨在として把握されるべき」であることが、言い添えられることとなる。

二　討議と公開性

以上のような形で把握された「公開性としての公共性」という枠組を敷衍し、以下では節の表題にも示された通り「討議と公開性」という形でテーゼⅢの補強を行うこととしたい。ここでは特に「討議」を通じた出来事へのコミットの仕方を検討の対象とするわけだが、そこではテーゼⅢによる制約が効果を発揮することとなるだろう。

エルスターによれば、根源的選好に基づく究極の「目的」に関して討議するにしても、あるいはその「目的」を最も良く実現する「手段」に関して討議するにしても、討議をなすものは形式的には公平（formally impartial）であることを要請される［Elster 1998］。たとえ党派的利益を追求する根源的選好を有していたとしても、討議の場ではそれを公共の利益に則ったものとして少なくとも「偽装の「制約」として次の二つを挙げている［ibid.:104］。彼は、このような私的利害を公共のものとして偽装する際（disguise）」しなければならないのである。

第一点目は「不完全性の制約（imperfection constraint）」と呼ばれるものである。すなわち、私的利害と完全に一致する「公平な討議」の存在は疑わしく、その点、「公共性」を擬似的にでも標榜する者は、彼が真に望む利益を不完全にしか主張し得ないのである。また第二点目としては「一貫性の制約（consistency constraint）」が挙げられる。自らの私的利害に一致するものとしてある立場を選択するなら、その後それがいかに自らの利害に一致せずとも簡単に立場を変えるわけには行かなくなるのである。彼の言葉をそのまま引くなら、公的な討議において参加者の主張は「偽装」されるのみならず、かえってそのために「修正（modify）」される可能性を有することになるのである。

エルスターのこの議論では、当初個別的利害のみに基づいて討議に参加したものでさえ、己自身の意図とは裏腹に「教育」されることになるのである。ここでは全き「没利害性」でもなければ「私的利害への全没入」でもなく、これらの両者の間で変容を遂げ得る主体の姿が描き出されていると言える。また、かかるエルスターの「不完全性／一貫性の制約」を担保するのが「公開性としての公共性」であることはすでに贅言を要さないであろう。

次節では、この「公開性としての公共性」という構想を、「政治哲学」における「政治」の具体的な位相へと展開させるにあたり、「公開性としての公共性」の具体的文脈における妥当性のリトマス紙として、「熟慮の民主政」論とシュミットそれぞれにおける討議概念の把握を対照することとしたい。

三　討議・議会・公開性

「啓蒙され尽くした大地は、勝ち誇った凶徴に輝いている」――ナチスの迫害を逃れた亡命学者が「新世界」でものした著作の冒頭で放つこの言葉は、戯れに発せられた近代啓蒙理性への揶揄としてではなく、その問題性を鮮やかに抉出したものとして深刻に受け取られるべきだろう［Horkheimer 1976: 訳 3］。しかし、この「大地の徹底的な啓蒙」から数えて早や半世紀以上が経った現在、ある種の奇妙な明るさの中「理性」は再び歓迎されている。その迎え手は、最近にわかに注目を集めるようになった「熟慮の民主政（Deliberative Democracy）」論である。[1]

後続する章で取り上げるローティにも典型的に見られるように、政治哲学を「脱哲学化」する試みは、無視し得ない潮流となって「理性」や「真理」を仮借なく攻撃し続けている。にもかかわらず、熟慮の民主政論においては、しばしばあっけらかんと「合理的討議」の可能性が肯定され、また時としてアテネにまで遡り積極的な「公共善（common good）」へのコミットメントが称賛されさえする。しかし、このように、公的参与に大きな比重を置くことには何の問題もないのだろうか。一抹の疑念が掠め行く。

ところで、このような熟慮の民主政論は、単なる理論的装置としてだけではなく、興味深いことに具体実践的な「運動」の指針としても高く評価されている。例えば Civic Practice Network と呼ばれる運動体は、政治哲学者のみならずジャーナリストや市民運動家などの幅広い層を巻き込み、そこでは「熟慮の民主政」論を思想的基盤とした「市民的プラクティス」の確立が目指されている。既存の理論を破壊するエレガントな手際が称賛されがちな中で、具体かつ積極的なコミットメントを標榜する姿勢は一定の評価に値するが、ここでは一旦足を止め、そこに何の陥穽もないのかを考える必要がないだろうか。熟慮の民主政論は諸利害の角逐し合う利益多元主義的政治観を斥け、共同討議の場としての民主的政治過程の「再興」を根本的な動機として内包している。しかし、そのような民主的政治過程への積極的参与が、既得利益の維持・拡大を図る利益集団の単なる政治的能動性や、あるいはポピュリズム的決断主義へと還元されない保障はどのようにして確保されるのだろうか。デタッチメントが一方の主流である中、積極的に公的コミットメントを称揚する点で、この熟慮の民主政論は一見魅力的なものに映るが、そのような私から公への媒介の内実は冷静に検討される余地がある。

ところで、ここで一旦「熟慮の民主政」の内実に目を留めておくと、それはJ・エルスターによって次のような直裁な形で定式化される［Elster 1998:1］。すなわち、熟慮の民主政とは「自由で平等な市民の間での合理的な議論による集合的意思決定」であり、そこでは、単なる「投票（voting）」や「取引（bargaining）」による選好の「集計化（aggregation）」ではなく、「討議（argument）」を通じた選好自体の「変容（transformation）」が目指されることになるのである。その根底には、民主的政治過程を「市場」的メカニズムと同一視することによって解明しようとする従来の利益多元主義的政治観への反発があるといえるだろう。熟慮の民主政論者は、このように所与の選好をベースとしつつ私的効用の最大化を図るアトム化した個人観を斥け、「公共善」の実現を図る政治共同体の「再興」を構想するのである。

かかる熟慮の民主政論は、一方では時としてアテネにまで遡って直接民主制や「公共善」に基づく

「徳の政治」を標榜する反面、他方では私的自律と公的自治の統合を図る「権利志向」的な側面も有している。前者を代表するものとしては、分権化による直接参加に基づく「強いデモクラシー（Strong Democracy）」を標榜するB・バーバー［Barber 1984］やタウンミーティング的な伝統の再興を目指すJ・マーンスブリッジ［Mansbridge 1988］など所謂「共和主義」的傾向の濃厚な論者が挙げられる。また、後者を代表するものとしては、「我ら人民（We the People）」のポピュリズム的契機と司法審査の結合を試みるB・アッカーマンの所謂「二元主義（dualism）」論などが挙げられるだろう［Ackerman 1991］。

このような熟慮の民主政論は「利益」に動機付けられた打算的行動を排した上で、ポピュリズム的「熱情」と討議を支える「理性」との融合を図るものであるが、「熱情」と「理性」をともに飼い馴らすことはいかにして可能となるのだろうか。ここでは特に熟慮の民主政論の一類型としてすでに提示されたB・アッカーマンの「二元主義」を通じて熟慮の民主政論における問題点を探ってゆくことにしよう。

アッカーマンの「二元主義」においては、一方で議会制を通じた平時の政治が措定され、そこでは憲法の枠内での「通常政治（normal politics）」が営まれる。他方では、そのような憲法枠組の変革自体を企図するモメントが存在し、その際発動されるものは「創憲政治（constitutional politics）」と呼ばれることになる。彼によれば、平時の「通常政治」で憲法規範が立法その他に制約を課し得るのは、憲法の枠組自体が内在的に（例えば、自然法に基礎付けられるような形で）優越的価値を有しているからではなく、むしろそれが「創憲政治」において発現する「我ら人民（We the People）」の意思に基づくからなのである。アッカーマンは、アメリカの歴史の中でこのような「創憲政治」が行われた創憲的モメント（constitutional moment）として連邦結成期・南北戦争後の再建期（Reconstruction）・ニューディールの三つを挙げ、そのそれぞれにおいて「通常政治」の産物たる諸立法を司法審査によって覆すことは、「我ら人民」の意思に基づく全国民的な「熟慮」の遂行として正当化され得るとするのである［Ackerman 1991］。

このようなアッカーマンの議論を再構成すると、そこでは「我ら人民」の判断によって「通常政治」を規制する上位的な価値枠組（憲法体制）が正当化され、司法審査というフィルターを通じた人民意思の（間接的な）貫徹が、「熱情」を「理性」と融合させる手法として確立されることが主張されるのである。ここには、積極的参加に基づく民主政と理性的討議の一見幸せな結婚があるように思われる。しかし、本当にそうなのだろうか。

これに対しては、端的に二つの問題が指摘される。第一点は「我ら人民」の意思の客観的同定はいかにしてなされ得るのかという問題である。全成員が参加者として“We”となった場合、そのような意思の存否を客観的に確認する「対他的」主体性は不在となり、すべての判断は“We”という「対自的」主体の主観的な「心の持ちよう」に掛かって来ることになるのではないだろうか。

また、第二にそのような人民意思の発露が無軌道なものにならない保障はどのようにしてなされるのかという問題がある。先にも述べた通り、アッカーマンの枠組の中では、一方で「通常政治」の中での憲法規範による立法その他に対する制約が存在するが、他方で“We”の意思が奔流となって流れ出す際、そのような人民意思のドリフトに対する制約は全く語られないのである。そこで語られるのは、“We”の意思の発露が善きものを目指すであろうという「希望」だけであって、どのようにしたら善き帰結へと至るかという「方法」は沈黙の中に放置されている。

ところで、アッカーマンに見られる如上「無軌道な We the People の意思の発露」は、議会制に関する形でシュミットの中に同型の問題系を構成していることが指摘できる。

まずシュミットにおける「討議」概念の把握から始めると、そこでは「討議」と「交渉」の徹底的な峻別が図られていることが指摘される。シュミットにおいて「討議」とは、

合理的な主張を以て意見のもつ真理性と正当性とを信じるように相手を説得すること、言い換えれば自己が真理性と正当性とについて説得されるということを目的によって支配されているところの意見の交換を意味する。［Schmitt 1923: 訳 9］

これに対して「交渉」とは、

合理的な正当性を発見するものではなくて、利害関係および利得の機会を考量し、貫徹し、自己の利益をできるだけ実現することを目的とするもの。［ibid.: 訳 10］

として把握されるものである。このような「討議」と「交渉」の対比・峻別は、すでに「熟慮の民主政」論においても同様に見られたものだが、すでに述べたアッカーマンにおける We the People の意思の発露とシュミットにおける「喝采（acclamatio）」とを対照すると、そこにはただならぬ和音が

聴かれることとなる［ibid.: 訳 25］。

周知の通り、シュミットは独特の仕方で「自由主義」と「民主主義」とを区別し、前者の発露であり「公開性」と「討議」によって支配される「議会制」は後者との間に相互否定的関係を形成することを主張する。ムフによれば、彼は「喝采という民主的人民投票手続きを通じて、大衆民主主義のもとでより真正な公的領域が構成される」ことを主張しているのであり、そこでは「公開性」の要件は「公共性」の構成要素から放逐されることになるのである［Mouffe 1993: 訳 217］。

このようなシュミットの主張が、Führer への喝采による「大地の徹底的な啓蒙」へと至る道のりの先鞭を付けたことは周知の事実であり、そこではアッカーマンにおける We the People と同様に、「排除的同質性(2)」に基づいた決断主体が、何者によっても「注視」されることなく、即時的に立ち上がることが要請される。つまり、熟慮の民主政論とシュミットにおける議会制民主主義批判は、討議概念の把握に関してのみならず、決断主体が排除的同質性によって構成される点でも相互に通底し合っているのであり、いずれにおいても「公開性」と「公共性」の間の通路は閉ざされることになるのである。

ところで叙上のような形で否認されたシュミットの議論ではあるが、議会制の機能不全の原因指摘に関して彼の所論には端倪すべからざるものがある。したがって、以下ではシュミットによる議会制批判を具体的な形で承けて、「公開性」テーゼの重ねての補強をすることとしたい。シュミットは次のように言って議会がその本質的要素たる「公開性」と「討議」を滅却していることを批判している。

議会の本質的な活動は本会議の公開の討議の席で行われずに各種の委員会において行われ、しかもそれは議会の委員会とは限らず、本質的な決定はむしろフラクション指導者の秘密会議においてか、あるいは全く議会外の委員会において行われ、その結果あらゆる責任の転嫁と棚上げとが起り、このようにして全議会制度は、結局のところ、諸党派と経済的利害関係者の支配のための悪しき正面入口になってしまう……。［Schmitt 1923: 訳 29］

かかるシュミットの批判は、時代と国を越えて現在の日本にも当て嵌まるものであることが指摘できる。大山礼子によれば、現在の国会に見られる「委員会中心主義」は、国会法制定時にGHQの指令によって帝国議会時代の「本会議中心主義」に代わるものとして導入されたものであるが［大山 1997:91］、我が国の現状では「委員会」よりもさらに一段下のレベル、すなわち「与党政調」において実質的な法案の審査がなされている。このような「審議レベルのずれ」は大山が「議会の機能」のひとつとして挙げる「審議機能」、すなわち公開の場で議論を行い争点を明示する機能を阻害するものである［大山 1999:111］。

シュミットが激しく批判したように、ここでは「フラクション指導者の秘密会議においてか、あるいは議会以外の委員会」において「実質的決定」がなされているのであり、その点「公開性」テーゼは全き意味で没却されているのである。かかる事実は、「公開性」テーゼの充足に際しては、「制度的」処方が看過されざるべき要素として留意されるべきものであることを闡明にしていると言えるが、本書では、そのことの指摘を行うに留めつつ、その詳論を他日に期し、さらに次章へと移ることとしたい。

第四章　テーゼⅣ「普遍的正当化可能性」

一　「啓蒙」の問題性

ここで議論は一周し、再び「啓蒙とは何か」という問いそのものへと立ち戻ることになる。すでに見たように、カントは「啓蒙（Aufklärung）とは、人間が自分の未成年状態から抜け出ること（Ausgang）である」と明言し、その上でかかる啓蒙を成就するためには、「自分の理性をあらゆる面で公的に使用する自由」が必要とされることを説いている。

すでに離脱・アクセス可能性テーゼⅡの導出・検討において見られた通り、かかるカントの主張は、現実の利害関係を一気に超出すべきであるが如き仮定を含んでいる点で問題を有するものであると言えるだろう。

また、右にも示した通り、カントは「啓蒙」の成就を「脱出（Ausgang）」と表現し、このように脱出さるべき状態を全く否定的なものとして描き出しているわけだが、このような「否定」は、一体誰がどのような資格のもとで行うのかという疑問も残る。

以上のような問題意識を敷衍する上で、『権利のための闘争』におけるイェーリングの議論は少なからぬ論点を提供していると言える〔Jhering 1894〕。イェーリングは、カントの次のような格率――「汝の権利を踏みにじった他人をして、処罰を免れて恬然たらしむことなかれ」を引きつつ、以下のような主張を展開している。すなわち、「攻撃された権利を守ることは権利者の自分自身に対する義務で」あり、また、「純粋な財物の世界における権利を〔無趣味な〕散文に喩えるなら、人格の世界における権利は、人格の主張を目的とする権利のための闘争によって〔高雅な〕詩となる。権利のための闘争は、品格の雅歌である」、と〔ibid.: 訳 73,85〕。

ここには、二つの問題が存在することが指摘されるだろう。一つ目は、権利侵害に対する防御を「義務」として捉えている点である。かつて福沢諭吉は、その自伝中「百姓に乗馬を強ゆ」〔福沢 1903:230〕と題された小文おいて、「百姓町人乗馬勝手次第」な四民平等の世であるにもかかわらず、自らの姿を見て下馬平伏した「百姓」に対し「乗らなきゃ打撲るぞ」と啓蒙的恫喝をしたことを誇って記しているが、このような啓蒙の名の下に行われる強制は、そもそも自己決定・私的自律の本旨を滅却するものである。権利の主張はあくまでも個人的なパースペクティブに基づいて発揮されるべきものであり、超越的な「啓蒙」の視点から「義務」の不履行として裁かれるべきものではないはずである。

また、二つ目の問題としては、「人格」完成という卓越主義的な観点に基づき、「財物」すなわち私的利害を必要以上に蔑視している点が指摘される。これは、これまでにも繰り返し論じられて来た「私的利害の等閑視」の問題ともパラレルな論点をなすが、利害関係に基づく動機の過度な排撃は、個別的な問題解決を目指す上では非現実的でさえあると言えるだろう。

このような「人格」実現に関わる「闘争」は頻々容易に「死闘」へと転化されるものだが、イェーリング自身が『権利のための闘争』の中でも取り上げた、クライスト作の小説「ミヒャエル・コールハースの運命」に描かれるコールハースは、その一極点をなすものであると言えるだろう［Kleist 1810］。我が国においても同様の例を看て取ることができ、例えば室原知幸の所謂「蜂ノ巣城闘争」の如きがそれにあたる［松下 1989］。室原は九州北部の山林地主であったが、当時行政当局が推進しつつあったダム建設によって自らの村が沈むことに反対し、国家に対する徹底的な法的闘争を挑んだ人物である。彼は、一方でダム予定地にその建設を妨害する「砦」を奇襲的に建造しつつ、他方では「六法全書」を片手に行政を相手取った訴訟を幾度となく提起し、そのような「闘争」を己れ自身の人格を賭けた「死闘」として認識していた。確かに、当時すでに還暦を越えた室原による闘争劇には驚嘆すべきものがあるが、「私財を放げ擲って」長期にわたる闘争を展開し得たのは、ひとえに彼自身の「山林地主」としての財力に負うところが多く、その点で彼の「蜂ノ巣城闘争」を普遍的なロール・モデルとして定立することができないことは論を俟たないであろう。いわんや、コールハースの如く叛乱を糾合し、自らの権利を侵害したユンカーの城を焼き討ちにするが如きをやである。[1]「人格の世界」で「品格の雅歌」をものすのは、確かに良い「趣味」なのかもしれない。しかし、「趣味」がア・プリオリに「義務」を帰結することはないのである。

さて、ここで一旦議論をまとめると、以上で提起された「啓蒙」にまつわる問題点は、①超越的視点からの強制、②私的利害からの超出の安易な想定、③「死闘」観――の三つにまとめられるだろう。すでに論じられたように、②からはかかる私的利害を正面から受け止めるが故に、そのような私的利害＝理由を他者に対しても主張し得るものへと彫琢すべく、普遍的正当化に媒介されることが要請される。これがテーゼⅣ「普遍的正当化可能性」である。しかし、如上①及び③に示された論点が、かかる正当化に際しての付加的制約として働くことになるわけである。

二 「死闘」

ここで節を改め、上述の問題③、つまり所謂「死闘」観に焦点を絞り、本章において提示されたテーゼⅣの敷衍を行うこととしたい。

さて、致死的ではないにせよ「闘争」であるところのものは、ウェーバーに言寄せするなら、「単数あるいは複数の相手の抵抗を排して自分の意思を貫徹しようという意図へ向けられているようなものの謂であり、またそれは弱者必滅の「淘汰」をも意味し得る［Weber 1922: 訳 62］。

かかる「闘争」の拡大・止揚形態としての「死闘」は、田島正樹によれば、以下のように正鵠を射た形で描出される。

死闘を演じる時、むしろそこに我々は敵の人格を認めてゐるのであり、それに対して奴隷に対しては死闘は問題にならない。あるいはむしろ、死闘に起ち上る時、もはや彼らは奴隷では有り得ないといふ事である。相手をおよそ敵とも見なさない事から死闘が生じるが、死闘を通して、敵を敵として承認する事を学んでいくのである。［田島 1987:5］

如上ロマンティシズム溢れる「仇友」的アンビバレンツにおいては、敵ながら天晴れの如きパラドキシカルな承認のもとに闘争を止揚することが説かれるわけだが、それが「普遍的正当化可能性」に対する鋭い批判と表裏をなすことは是非とも確認されねばならない。すなわち、田島においては、「普遍的理解可能性」の如き「透明性の理想」の想定は、「対話のもつ本源的多元性、共約不可能性」の看過・没却に繋がるものとして判定されるのである。そこでは、「普遍」を僭称する「一義的枠組」に解消されない、「死闘」を通じての「解釈学的転回」は、「他者」との邂逅によって達せられるのであり、また「他者」とは、あらかじめ自己の枠組に取り込むことのできないという意味での「他者の観点」を提起し得る者なのである。

かかる「死闘」観の行き着く果てにあるシュミットは、「政治的なるもの（das Politische）」の標識を所謂「友敵（Feind und Freund）」関係に求め、「取引の面からは競争相手に、精神の面からは論争相手に」解消されるが如きものからは峻別された「敵」を措定する［Schmitt 1932: 訳 17］。そこから帰結する主体相互の索敵・殲滅への志向は、田島における「死闘」観からは一転し、「普遍」を僭称する一義的枠組への反発としての多様な差異への正対としてではなく、むしろかような多元性への暴力的否定として顕現することとなる。すでに見た「排除的同質性」に基づく決断主体の現出を惹起する如上「友敵」関係においては、多様な「個」を「均質化（Gleichschaltung）」する「普遍」が措定されるのである。

以上のような諸々の「死闘」観において共通に措定されているものは、「強い個人」というフレーズに括ることができるが、かねがねリベラルが無前提に措定するとされるところの如上の人間観は、昨今はなはだ芳しからぬ評判に浴していることが注記されねばならない。カントが、「啓蒙を成就した成年に達しようとする歩みを煩わしくも危険であると思いなす」者として「全女性（das ganze schöne Geschlecht）」を名指し、イェーリングにおける「権利のための闘争」が家父長のみを主体としたように[2]、「闘争」いわんや「死闘」の主体は、頻々現状における「強さ」を資格とする「排除的同質性」に基づき構成されるものなのである。かかる同質性に拠って勃起する決断主体は、同時に強度の共同性を志向し、シュミットのみならず[3]、イェーリングにおいても「権利者は国家共同体に対する義務として権利を守らなければならない」旨が標榜されていることは看過し得ない事実である［Jhering 1894: 訳85］。

このような排除的構成を有する主体間の「闘争」を馴致・昇華するものとしては、ムフによる「闘争的多元主義」の構想が挙げられる［Mouffe 1993: 訳4］。「彼ら（they）」の画定によって「われわれ（we）」の構築を志向するムフの構想においては、「闘争」の対手たる「敵（enemy）」は、「対抗者（adversary）」へと転化されることによって「構成的外部（constructive outside）」をなし、それが故に多様な「個」を抑圧・否定する「排除的同質性」ではなく差異の肯定へと導かれることになるのである。かような「闘争」、ひいては「死闘」の積極的止揚は、すでに田島においてもそうであったように、そのいずれにおいても「普遍的正当化」のモメントは、消極的に把握・了解されているのである［ibid.: 訳14］。遡って考えるに、そもそものところ叙上の「闘争」ないしは「死闘」への勧誘的言説は、およそ人間の現実・現状たる個別利害を等閑に附すのみならず、すでに指摘された超越的観点からの強制という点に鑑みても、およそ容れられざる問題・欠陥を有するものであると結論付けられる他ないであろう。

三　普遍的正当化の積極的モメント

　ここでは、前節において「闘争」・「死闘」と対照され、そこから逆照射される形で消極的に検討された「普遍的正当化」テーゼを、より積極的な形で描き出すこととしたい。

　すでに見た通り、「闘争」的観念は「普遍的正当化」のモメントを消極的に取り扱うものであったわけだが、かかる観念から析出される問題点のひとつである「排除的同質性」の惹起・称揚は、ルソーの中にその古典的形態を見ることのできるものであると言えるだろう。

　ルソーによれば、「個別利害」は「普遍的な競争という戦争状態」の中、他の利害との対立によって初めて成立するものであり、かかる闘争的状況は、「共同の自我」としての「祖国」を打ち立て、その意志である「一般意志」に全員が従うことによって克服されるものであった。ここでは、「一般意志」は「個別利害」の働きを通じて産出され、後者が前者の産出の前提とされるのである。[4]しかし、他方で彼は「特殊意志」と「一般意志」を峻別し、「一般意志の正しさは平等という全体の秩序のみを志向するからア・プリオリに正しい」ことを結論付ける［Rousseau 1762］。かかる「一般意志」に支えられて現出したのが、ロベスピエールの所謂「美徳の共和国」であり、そこにおいては「自由であることを強制する」という逆説が生じることになる。ここでは、「最高存在の祭典」にその極致をなす、「信仰」とも言い得る実体的理性への徹底した帰依がなされるのである[5]［Rousseau 1762/Gueniffey 1992］。

　フランス革命時における、かかる「実体的理性」への帰依は、叙上の通り「闘争」を克服すべき「一般意志」として構想されたものであったが、これと相対するものとして、「理性」をプロセスの中に見出さんとする構想をコンドルセに見出すことができる。コンドルセは、その「共同理性」の構想において、「主権」の基礎を「一般意志」の如き実体化されたものに求めるのではなく、「真理に向かう運動」としての「理性」に求めている。ここでは、理性を「神の言葉」のように「最終的に確定された超越的な存在としてではなく、人間が真理に接近してゆく過程・運動として」捉えるべきであることを主張されているのである［阪上 1999:88-113］。

かように「理性」を「実体」としてではなく「過程・運動」の中に捉える見解は、「対立（conflict）」のモメントへと焦点を合わせるなら、すでに否定的に論じられた「闘争」的観念へと容易に接近するものであるが、かかる「強さ」にではなく「弱さ」、すなわち人間の過ちやすさ＝「可謬性（fallibility）」に引き寄せて把握するなら、また別様の積極的なものへと転化されることも可能だろう。

四　脱哲学化の成否／ローティ

すでに公共性概念の必要条件を満たすためのテーゼのひとつとして挙げられた「普遍的正当化可能性テーゼ」ではあるが、近年においては哲学＝政治哲学に通底した形で、脱哲学化的傾向を闡明にし、普遍的正当化自体を等閑視する主張が一切ならず聞かれるようになった。このような潮流のひとつの代表がローティによって標榜される所謂ネオ・プラグマティズムであると言えるだろう。以下ではローティにおける脱哲学化的傾向と、その主張から導き出される政治（哲学）的帰結を批判的に検討し、テーゼⅣを補強することにしたい。

哲学の終焉？

カントは、一七八一年に刊行された『純粋理性批判』の冒頭で、かつては「諸学の女王」と称せられた「形而上学」の没落のさまを描いている。ローティの批判する伝統的哲学も彼によって頻々「形而上学」と呼ばれるのだが——彼カントの言葉を直接引くなら「今日では、形而上学にあらゆる軽蔑をあからさまに示すことが、時代の好尚になってしまった」のである［Kant 1781: 訳 14］。このカントの例を見ても明らかなように、「哲学の終焉論」は少なくとも十九世紀の後半以来続いて来た状況なのであり、カント研究者である黒崎政男の言葉を借りるなら、「「哲学の終焉論」は、哲学自身の生み出す基本的な戦略であり、終焉を叫ぶことで、そこから常に新たな活力を汲み出して来た」とさえ言えるだろう［黒崎 1991:19］。

ロールズが、『政治的リベラリズム』の中で立憲民主制を有する欧米先進諸国の「公共的政治文化」に胚胎する「重合的合意（overlapping-consensus）」を基礎としつつ自らの脱哲学化的傾向を鮮明にし［Rawls 1993］、またその他方でロールズとは相対するコミュニタリアンの一人と目されるマイケル・ウォルツァーが「政治の場で哲学の居座りを望まない」旨をあからさまに表明していることからも窺えるように、「哲学の終焉論」は今日でも明らかに殷賑を極めていると言える[6]［Walzer 1999］。

このような状況の中、従来の哲学＝形而上学的伝統を極めて手際よく整理し、独特の「哲学の終焉論」を唱えたのがローティだと言える。ローティは従来の「認識論」を中心とする「体系的哲学（systematic philosophy）」＝形而上学の終焉を説き、それに代わるものとして「啓発的哲学（edifying philosophy）」を立ち上げることを主張しているが、その際、伝統的な哲学史を極めて内在的に咀嚼し、自家薬籠中のものとした上で、「哲学」からの離脱を説いている点で、彼ローティにおける脱哲学化の主張は、「哲学へのデタッチメントとしてのコミットメント」とでも言い表されるべきものであり、ウォルツァーの如き居直りとは峻別されて良いように思われる。

一九七九年に刊行された『哲学と自然の鏡』以来一貫した、このようなローティの立場の中で目を引くのは、カルナップ・ライヘンバッハ新大陸降臨以降の論理実証主義・分析哲学の興隆への反発とその表裏一体として示される「プラグマティズム」への傾斜であると言える。極めて方法論的に洗練されてはいるものの、同時に厳密性を期すあまり社会的問題の解決にはイレレヴァントであると彼の目には映じた分析哲学の現状をローティは嘆き、旧大陸からの「巨人」降臨以前の、典型的にはデューイに見られるような「改革論的態度」を好ましいものとして称賛している［Rorty 1982 : Chap. 4］。この際、分析哲学等に見られる「象牙の塔の社会的不適合性」は、「疑似問題（pseudo-problem）」への固執、典型的には「真理（Truth）」という「非人間的実在（nonhuman reality）」への拘泥としてローティの批判に晒されることになったのである。

ここでローティの所謂「プラグマティズム」の内実に立ち入ると、彼は一方でデューイを高く評価するのに対して pragmatism という言葉を生み出したパースをやや不当とも言える程に低く評価し、あるいは無視していることが指摘される。実際、彼は「プラグマティズムへのパースの貢献は、彼がそれに名称を与えることでジェームズを刺激したということに過ぎない」［Rorty 1982: 訳 360］とさえ言っているが、果たしてそうだろうか。

パースは、当初カントのカテゴリー分析から哲学に足を踏み入れ、しかる後にローティと同様のデカルト批判へと向かっている。(7) 彼は、知識の基礎を「経験」や「理性」に置く考え方は、ともに知識の絶対性を求める点で過ちを犯しており、このような誤謬は最初の合理主義者であるデカルトの中に典型的に見られると主張している。周知の通りデカルトは、すべてを疑うことから出発し、その中でいかにしてもその存在を疑うことのできない「この考えている私」、すなわちCogitoを得るに至ったわけだが、デカルトにおいてはすべての信念の外に立ち、そのような観察者の立場から無前提にあらゆる信念を批判的検討、すなわち疑念に晒すことが目指されることになる。これに対してパースは、本当は疑ってもいない信念を疑念に晒すのは無意味なことであるとし、また信念を疑念に晒す過程——探求(inquiry)——は、そもそも所与の信念体系の存在を前提とするものであるということを主張した。デカルトの主張は、パースによれば、信念体系が一気に全面改訂されるという不可能な前提をしている点で非難に値するわけである。(8)

このような主張は、同じくプラグマティストであるクワインによって主張されたホーリズム(wholism)の中にも見られるように、具体的に生じる疑念から新しい信念を作ること、すなわち「問題の解決(problem solving)」として把握され得る[Quine 1961]。さて、すでに述べたように、ローティは先述の通りパースを無視しつつほとんどデューイのみ(若干ジェームズも扱うものの)に焦点をあてるわけだが、上記のようなパース・クワインと連なる思考に対しローティの立論には、いささかならず遜色する点が見受けられるように思われる。以下ではまずローティの主張を辿り、しかる後に「遜色する点」とは何かを明らかにすることとしよう。

さて、ローティは昨今では珍しく自ら「プラグマティスト」を標榜し、その上で「リベラルなアイロニスト」として自身を定位している。「プラグマティスト」であることの内実は①反本質主義の標榜、②事実と価値の峻別の拒否、③探求における制約を会話のみとすること――の三点から成り立っており、特にこの第三点目の「会話のみによる制約」では（これがローティに極めて特徴的な点なのだが）次のようなことが謳われている。

> 超越的な何ものかから卸売り的（wholesale）に導き出される制約ではなく、探求のパートナーたちの意見によって課される具体的で小売り的（retail）な制約のみが存在するのである。［Rorty 1982: 訳 367］

このような「会話」の営みは、ローティがそこからの離脱を説く「伝統的哲学＝形而上学」のように「必然性」の糸に導かれたものではなく、その「偶然性」にこそ価値を有するものであると言える。ローティによれば、我々はこのような「偶然性」を受け入れることによって自らの共同体――社会・政治的伝統・知的遺産――を新しく「発見」される「自然のもの」としてではなく、「創造」すべきものとして獲得できるのだ、ということになるのである［ibid.: 訳 369］。

このようなローティ流「プラグマティスト」としての「会話」、ひいては「偶然性」の重視は、謂うならば、ローティの「哲学的」基礎にあたるわけだが、そこから彼はさらに一歩前に進んで、「リベラルなアイロニスト」という「政治哲学的」位相での基礎を提示する。ここでは、「リベラル」であることの内実については割愛するが、「アイロニスト」であることの特徴は以下の三点に尽くされる［Rorty 1989:73］。

①最終的な語彙への継続的な疑念
人が自らの人生を物語る際に自分の信念（belief）や生活を正当化する一群の言葉を「最終的な語彙（final vocabulary）」と呼ぶ。このような「最終的な語彙」への徹底的で継続的な疑念は、当のアイロニストが他者の語彙によってかつて感化（impress）された経験を有することによって担保される。

②疑念と論証の非相関性
論証によっては、疑念を解消することはできない。

③中心性の否定
特定の語彙を「実在に近しい（closer to reality）」というような「中心＝周縁」の比喩で相対的に評価することはできない。

ローティにおいては、「哲学」としてではなく、むしろ「政治理論」の位相で提出される以上のような「会話」――「アイロニスト」としての立場は、しかし次のような疑念を生じさせずにいない。ギャンダーによっても夙に指摘されていることだが、ローティ自身も「最終的な語彙」のひとつとして挙げる「フェミニズム」を例にとって考えてみた場合、次のような難点が生じることとなる［Gander 1999:58-59］。

ローティは、先にも述べた通り他者の語彙から感化を受けた結果として己れの「最終的な語彙」が変容することに諸手を挙げて賛意を表しているが、ヘフナーやフリント(9)のような確信犯的マチズモたるポルノ販売者とマッキノンやA・ドゥウォーキンらのようなラディカル・フェミニストたちの間にも、このような「悦ばしき相互変容」の場面があてはまるのかは、いささかならず疑問であると言える。

フェミニズムの中核的な主張のひとつとして、「個人的であることは政治的である（The personal is political）」が存在するが、この主張はオイコス／ポリスといったような領域的区分ではなく、むしろ各人のプラクティスもしくはディスコースを、従来の「領域」的な意味での公／私を貫流するものとして把握・了解せよ、という要請としても把握されうるものであるように思われる。かような前提のもとでは如上の対立場面においてローティの面目を立たせることは、いかようにしても無理であろう。

さて、ここで本節でのこれまでの議論を若干かいつまんで整理すると、ローティは公／私の区別を「政治的／個人的＝哲学的」として提示し、「他者への配慮を語るボキャブラリーと、自己への配慮を語るそれは、おのずから区別されてしかるべきだ」と主張しているわけだが、ローティが言うところの「人間存在の蘊奥」、すなわち「哲学的人間学」にまで触手を伸ばさないまでも、上記に述べたような確信犯的ポルノ販売者とラディカル・フェミニストの対立の場面に、「哲学的」ではない「プラグマティスト」であり、「リベラルなアイロニスト」である彼の立場が、彼の嫌う「問題の解決」ではないにしても、何らかの処方・説明を与えることができるのか、という疑問は拭われない。決定的な瑕疵は、彼の唱える「最終的な語彙」・「信念」の変容・更新がどのような条件の下で生起するのか、という具体的条件の記述が欠如している点にある。すでにローティによるパースへの軽視・無視を不当とし、そのパースに遜色する点を云々したが、「信念」・「語彙」の変容過程では、その具体的条件を明らかにしない点において、彼自身が斥けた「伝統的哲学＝形而上学」と同様に、ローティはあらゆる「疑似問題」に開かれているという矛盾した立場を採ることになってしまうのではないかと思われる。

この点において、パースは先述の言葉を繰り返すなら、具体的に生じる疑念から新しい信念を作ること、すなわちローティの忌み嫌う「問題の解決（problem solving）」をクワインのホーリズムと同型の議論の中で提示するわけで、その点ローティの無前提な信念・語彙の変容・改訂よりは一歩先んじているように思われる。むろん、「具体的に生じる疑念」などのような抽象的な条件設定では、ローティの遜色云々を論じる意義は薄いのではないか、という反論も当然に予想されるが、ここで特に強調しておきたいことは、「哲学的」の説明を拒絶したローティにおいて、「プラグマティスト」かつ「リベラルなアイロニスト」を自称する彼の「啓発的」「治療的」立場が、当の「哲学的」の範疇に属し、なおかつ「プラグマティスト」であることは疑うべくもないパースに対し、良くて「無差別」、悪くすれば「遜色」しているという点で二重の弱点を晒しているということである。

次に特にローティの「真理」論について論じることにしたいが、とりわけその「真理」論は、その内容の時代的変遷も加味した形で論じると極めて錯雑したものであることが容易に了解される。したがって、ここでは伝統的な「プラグマティズム」との関係における彼の「真理」論、という形で議論を限定することにしたい。ローティは次のように言い、所謂「真理の対応説」を破棄するべきだと主張する。

プラグマティストは実在との対応という考え方を一切捨ててしまうのであり、したがって現代の科学は、それが実在に対応しているから我々の役に立っているのではなく、ただ単に役に立っているだけのことなのだと主張するのである。こうした見方についてプラグマティストは、(思考と事物との、あるいは言葉と事物との)「対応」という観念に興味深い意味を与えようとしてきた数百年間の努力は、結局失敗に終わったと論じるのである［Rorty 1982: 訳 15］。

ローティはこのような所謂「対応説」を拒絶した上で、「対応」の語は、「我々に望ましいものを与え、生活のチャンスを高めてくれた信念に対する世辞（compliment）に過ぎない」ものであるとしている。このような「真理」論は、「それを信じることが有益である限りにおいて「真」である」観念として定式化されるジェームズの「限定的真理」と径庭ないものであるように思われる［James 1907］。

しかし、マウンスら(10)をはじめとする多くの研究者が主張する通り、プラグマティズムの中には、パース以来「実在論」と「反実在論」が複雑に交錯してきた歴史があり、「実在」にはいささかもコミットしないと言う意味では「反実在論」と称しうるローティの立場が、端的にプラグマティズムの代表を標榜し得ると断言することはできないのではないか、という疑問が生じる。

すでにパースの所論を引きつつ、「信念」(あるいは、ローティの謂うところの「語彙」)の変容・改訂について論じたが、デカルト的な信念体系の一挙全面改訂を斥け、「ノイラートの船」的な漸進的問題解決を目指す立場からは、「対応説」を放擲するにしても、「反実在論」という形ではなくして、むしろローティが「希望」という語で指し示すように、「真理の実在仮説」を採る方がよほど釈然とできるように思われる。このような「実在／反実在論」、もしくは「実在仮説」の詳細に立ち入ることはここでは控えるが、論点をかいつまむと、①ローティの標榜するプラグマティズムは、やや片面的であると言わざるを得ない、②プラグマティズムを内在的に理解する立場から言えば、ローティ流の徹底的な「反実在論」としてよりは、むしろパースにも見られるように「実在仮説」をその中核として捉える方が整合的である、ということになるのである。

「政治的」帰結

さて、以上は大項目で割ると、パースを中心とする伝統的プラグマティズムという角度からローティの「哲学的」位相を照射したものであったわけだが、以下では、題目にもある通り、政治もしくは政治哲学的観点からの問題提起をすることとしたい。まず差し当たっては、ローティにおける公／私区分の問題について論じることとする。

さて、ローティによる公／私の区別図式に対しては、極めて多くの疑問・批判が投じられていると言える。先の「最終的な語彙」の変容について論じた箇所でも触れたように、単なる領域区分としてではなく、ディスコース・プラクティスの区別という観点から見ても、彼の公／私区分には疑問が残ることが分かる。「公／私区分」という論点にさらに絞りを合わせると、ローティの主張は次のように定式化されるだろう。すなわち、『偶然性とアイロニー、そして連帯』の冒頭でプラトンを難詰しながら明瞭に述べられているように、彼の公／私区分は、端的に「個人の自己実現」と「公共の事柄」の峻別、すなわち「政治的と個人的の区別」という形で截然と分かたれる。さらに言い換えるなら、この図式は「語彙における差異」として「哲学的と政治的」の区分へも拡張され得るものである。

しかし、領域的ではない公／私区分という先の指摘に反してという点で、奇妙なことにローティは次のように言っている。

我々は、数多のプライヴェートな会員制のクラブに取り囲まれたバザールをモデルに、世界秩序の構築を目指すことができる。……かかるバザールに集う人々の多くは、彼らと掛け合いする大方の相手の信念を分かち持つくらいなら死んだ方がましだと思いつつ、なお、うまい具合に渡り合ってゆくものだ。……必要なのは、どうしようもなく異質と思われる人物が市庁舎、八百屋、ないしバザールに姿を現したときに、己れの感情を制御する能力だけである。こういう事態が生じたら、あなたはにこやかに微笑んで、能う限りのもてなしをし、その日のきつい駆け引きの後で、所属するクラブへいそいそと帰ってゆくのだ。そこでは、あなたの道徳的な同輩たちとの親しい交わりが、あなたを慰めてくれるだろう。［Rorty 1994:209］

渡辺幹雄は、このような「バザール（政治的＝公的空間）の語彙」と「会員制（個人たちの＝私的空間）クラブの語彙」を「TPOに応じて使い分ける」べきだと言うのが、ローティの主張の本旨であると主張しているが〔渡辺 1999:241〕、以上のような記述からは依然としてローティの公／私区分が、あくまで「領域的」なもの、すなわち「会員制クラブ」などのトポス的契機によって規定されているという印象を拭うことはできない。

通常の理解に従うなら、むしろ人はこのような領域・トポス的な公／私区分でなくとも、語彙における公／私の区分、雑駁に言うなら「ホンネとタテマエ」を暗黙裡・言わずもがなに使い分けることによって、それこそローティの主張する「最終的語彙の変容」を回避しているのではないだろうか。

ここでやや話は逸れるが、ローティのかかる公／私区分論は、樋口陽一の所謂「ルソー＝ジャコバン型国家像」と「トクヴィル＝アメリカ型国家像」の設定・対比をゆくりなくも想起させる。およそ雑駁にかいつまむと、①前者は、ル・シャプリエ法その他に明らかに見られるように中間団体を徹底的に否認し、それから帰結する個人の析出を目指すものであり「国家＝個人」の二極構造のもとで、国家権力だけを正統なものとするもの、②後者は複数の結社の存在を容認し、社会権力もまた正統性を持ち得るという前提のもとで多元主義を標榜するものと整理される。

確かにローティの主張は、「我々富裕な北米地域のデモクラシー（we rich North Atlantic Democracy）の伝統の擁護」として明示されている点、上記の「トクヴィル＝アメリカ型」と合致・接合して何らの不思議もない〔Rorty 1983〕。しかし、近年多くの論者によって明らかにされた日本社会における中間団体による社会的専制の問題（端的には法人資本主義の問題）や、あるいは現に当の合衆国においてさえ問題になっている結社、より具体的にはＮＰＯの民主的正統性の問題などを考慮した場合、ローティの主張する「プライヴェートな会員制クラブに取り囲まれたバザール」の比喩は、実践的・政治的にはいささかナイーヴである感を拭えないように思われるのである。この点に関しては、すでに先行する各章において、「共同性」の問題点など一切ならず論じられたことを想起されたい。

ロールズとの通底

ローティにおける叙上の脱「哲学」化的傾向は、『政治的リベラリズム』以降のロールズにも通底するものであり、そのことは（やや一方的にではあるが）ローティ自身によっても明言されている［Rorty 1991］。

翻って、すでに第Ⅱ部の冒頭付近で瞥見した通り、カントの「啓蒙とは何か」を端緒とする現代「公共性」論の大きな系のひとつとしてロールズの「公共的理性の理念（Idea of Public Reason）」が存在しているわけだが、ローティがそこに垣間見られるという「脱哲学化的傾向」とはどのようなものなのだろうか［Rawls 1993］。以下ではまずロールズにおける「公共的理性の理念」を概観することから始めたい。

さて、「公共的理性の理念」は、すでに述べたように用語の選択において著しくカントの「啓蒙とは何か」を想起させるものではあるが、ロールズ自身がはっきりと断っている通り、その内実は独自の構成を有するものであると言える［ibid.:213］。ロールズの区分に従うなら、単一の「公共的理性」及び複数の「非公共的理性（non-public reason）」だけが存在するのであり、「私的理性（private reason）」は存在しない。「非公共的理性」が、教会や大学などの「市民社会に存在するアソシエーション」の中で流通するものであるのに対し、「公共的理性」は平等な citizenship を共有する人々の間に存するものなのである〔ibid. :213〕。ここではロールズの言に違って、「理性の公的／私的使用」というカントの変奏が聴かれるとも言える。すなわち、「教会の会衆は、いくら大勢であっても所詮は内輪の集まりに過ぎない」のである〔Kant 1784: 訳 13〕。

では、このようなロールズの議論は、どのような形でローティと通底しているのだろうか。『諸国民の法』〔Rawls 1999〕における「公共的理性」の再論考を繰り入れつつ、かかるロールズの所論を凱切に整理・検討した渡辺幹雄の以下のような議論が、ここでは参考になるだろう〔渡辺 2000〕。渡辺によれば、ロールズにおける「公共的理性」の枠組は、「公共的（public）」を「政治的（political）」、「理性（reason）」を「ボキャビュラリー（vocabulary）」と読み換えることによって十全にその意味を明らかにされる。すなわち、ロールズにおける「公共的理性」とは、ローティの所謂「アイロニスト（ironist）」における「最終的語彙（final vocabulary）」と径庭を接するものとして理解されるのである〔同書 :411〕。すなわち、すでに瞥見されたように、両者における脱哲学以降の足場は所を同じくするものであることが指摘されるだろう。ローティにおいては、哲学に優先するものとしての「我々富裕な北米地域の民主主義の伝統」が措定されたのと同様に、ロールズにおいても「重合的合意」に胚胎する「欧米先進諸国の公共文化」が措定されているわけである〔Rorty 1982, 1991/Rawls 1993〕。

結局のところ、ローティが、その「政治的」次元における主張において「バザール（政治的＝公的空間）の語彙」と「会員制（個人の＝私的空間）クラブの語彙」を「ＴＰＯに応じて使い分ける」べきとした主張に対して向けられた批判は、ロールズの「公共的理性」の構想に対しても同様に反復され得ることになるのである。

第五章　公共性の条件

ここに至るまでの検討で、差し当たって「公共性」概念の「必要条件」を構成するテーゼⅠ〜Ⅳが析出・検討されて来たわけだが、すでに明言された通り、これらの諸条件は網羅性を標榜するものでもなければ十分性を尽くすものでもなかった。同時に、かかる「必要条件」において示されたのは、積極的に「公共性」を標榜・発揮する際の条件ではなく、むしろ消極的に「公共性」の存立・発現を担保するものであったと言える。したがって以下では、上記「必要条件」の埒を越え主体・積極的に「公共性」が発現される条件、すなわち「十分条件」の素描を行うこととしたい。

さて、「十分条件」とは上の如く「消極的」にではなく、「積極的」な「公共性」の展開を指すわけだが、そこでは、かかる公共性を担う「主体」のありようが問題となることがまず指摘される。したがって、仮に①主体の把握、②間主体的関係、③かかる主体の目指すべき目的がどのような形で正当化されるか——という三点に留意すると、それは暫定的に以下のような形で整理され得る（次頁「マトリックス」[1]を参照）。

ここに示された通り、「公共性」の具体的発現形式は以上七つの類型に暫定的に区分され得るわけだが、「親密圏」と「十分条件的公共性」を除いた残余の諸類型は、すでに先行する各章において批

主体	間主体的関係	目的の正当化	typology
個人／集団本位	**異質性／同質性志向**	**普遍主義／特殊主義**	**公共性のあり方**
個人本位	異質性志向（非結社的）	普遍主義	hard-core な公共性【必要条件的公共性】
		特殊主義（愛・ケアの倫理）	親密圏
	同質性志向（結社的）	特殊主義（利潤最大化）	経済的疑似公共性（企業体）
		普遍主義（公益追求）	NPO などの公共利益団体【十分条件的公共性】
集団本位	異質性志向（全体共同体内での多元性の標榜）	特殊主義（既得利益・教義の維持）	ギルド・宗教団体
	同質性志向（全体共同体内の単一・包括性＝外枠の強調）		多文化主義
		疑似普遍主義（個と対置される普遍として）	公民的公共性

マトリックス

判的検討の対象となっている。したがって、以下では特にこの二つの類型を瞥見することとしたい。

　さて、マトリックスにおいて見られるように、「十分条件的公共性」は、「主体」及び「間主体的関係」のそれぞれにおいて、「個人本位と集団本位」・「異質性志向と同質性志向」の間を跨ぎつつ「普遍主義（＝普遍的正当化）」を標榜して成立するものであり、その点アンビバレントな構成を有するものであると言える。ここでは、かかる「公共性」の積極的描出の一例として、近年のハーバーマスの議論に見られる「市民社会」論を瞥見し、まずは議論の端緒とすることとしたい。

　先に、「ブルジョワ的公共圏」としての「公共性」理解を論難されたハーバーマスではあったが、『公共性の構造転換』以降、最近に至るまでの議論の展開の中で、フレイザーがその必要性を訴えた「ポスト・ブルジョワ的公共圏」の輪郭を示しつつあることが注記・補足される。『事実性と妥当性』に特に的を絞った上で、彼の開示する「ポスト・ブルジョワ的公共圏」の内実を探るとそれは以下のように要約される［Habermas 1997:esp. chap. 8］。

前掲書、特に第八章の「市民社会と政治的公共圏」に示されたハーバーマスの図式に従うなら、「ブルジョワ的公共圏」が衰微＝構造転換して以降、「官僚制国家」及び「資本制市場経済」が拡張・肥大し、かかる「システム」の側から「生活世界」へ向けての所謂「植民地化」が進展することとなった。このような状況の中でハーバーマスは、「市民社会（Zivillgeselschaft）」[2]の中に多元的に存在する「非国家的かつ非市場的な多元的な自発的結社（voluntary associations）」の存在を重視する観点を打ち出し、その典型として、所謂「新しい社会運動」を例示している。この図式においては、「生活世界」に基盤を有する「市民社会」と「政治システム（行政・司法・議会）」との間に介在するものとして、新たに「政治的公共圏（political public sphere）」が措定され、かような公共圏が生活世界において触知された問題状況を反響・増幅し、公式の回路（＝政治システム）へと伝達することが想定されているのである［ibid.:359ff］。

ここでは、①生活世界において感知された問題が、②市民社会に複生する自発的諸結社を経由し、さらに③政治的公共圏で増幅された形で形成される「公論」となり、それが最終的に④公式の政治システムへと媒介されてゆくことが想定されているわけだが、問題伝達の最終階梯たる、「政治的公共圏」から「政治システム」への媒介は、あくまで「可能的」なものに留まることが指摘されているのである［ibid.:373, 380］。

ハーバーマスは、その理由として「市民社会」や「政治的公共圏」が直接になし得るのは自らを変形（transform）させることだけであり、政治システムに対しては間接的な影響しか及ぼせないことを指摘し、同時に行政権力（administrative power）の側からも市民社会における解放された生活形態（emancipated forms of life）を涵養することはできないことを付記している。すなわち、「政治システム」と「市民社会」の基盤をなす「生活世界」は、それぞれ別個・固有の運動論理のもとに存立するものなのである［ibid.:372］。

確かに、親密かつ対面的な日常のコミュニケーションが行われる「生活世界」と、そこに投錨（anchor）する「市民社会」の運動論理は、ハーバーマスの所謂「システム」の側に位置する市場や官僚制のそれと懸隔を有するものであると言えるだろうが、この両者をより積極的な形で媒介することはできないのだろうか。

ここでは一旦踵を返し、ハーバーマスが「市民社会」の典型として例示した「新しい社会運動」を瞥見し、そこから垣間見られる如上「積極的な媒介」の可能性と限界を考えてみることとしよう。A・トゥレーヌ(3)にかかる「新しい社会運動（new social movement）」とは、一般的に旧来の労働運動に見られるような「分配の問題」を焦点化する「古い」運動から区別される点にその「新しさ」を認められるものである。そこでは、日常生活の中に織り込まれた関係性、つまり「生活形式の文法(4)」を問題の対象とすることが意図される。また、その具体例としては、平和運動・フェミズム・環境保護運動などが挙げられている。(5)

メルッチにおいて典型的に見られるように、このような運動論理は「日常性」（ハーバーマスに倣うなら生活世界）に重点を置きつつ、そこに内在する問題意識・状況を顕在化し、同時にその中で自明とされがちなミクロな権力関係に対しても挑戦するものとして理解される。そこでは、ヒエラルキー的な組織実体に代位するものとして、「一時的な公共空間」という装いのもと現出する潜在的ネットワークに期待がかけられるのである［Melucci 1989］。

このような「新しい社会運動」の最典型をなす現代的展開は、近年我が国においても盛んに議論・実践の対象となされるようになったＮＰＯ（あるいはＮＧＯ）に見られると言えるだろう。ＮＰＯは所謂「公共利益団体」の実体的類型であり、「公共財」の提供者と同型に当該運動の構成員のみによって独占的に享受され得ない非排除的・非競合的な「公共利益」の増進を目指すものである。所謂フリー・ライダー問題などに鑑み、すでに一九六〇年代にオルソンによってその成長の根本的な限界を指摘された「公共利益団体」であったが、その予想に違って如上ＮＰＯに見られるように公共利益団体は大幅な伸張を見せたと言える［Olson 1965］。特にアメリカ合衆国においては、多数の専門家をフル・タイムで雇用し、様々なイシュー・ネットワークを形成し公式の政治回路に対しても大きな影響を与えていることが認められる。(6)

先程の問題に戻ると、このように「生活世界＝市民社会」と「システム」の媒介可能性を呈示するＮＰＯではあるが、そこには少なからぬ問題があることも注記されなければならない。近年、世界各国のＮＰＯの実態を膨大な実証的作業のもとに議論しつつあるサラモンによれば、先に挙げたアメリカのＮＰＯは以下のような点で「危機」に晒されている［Salamon 1997］。

サラモンはすでに先行する章でも取り上げられたトクヴィルにおける多元主義的な結社思想をその

著の冒頭で引きつつも、現在アメリカのＮＰＯは「四つの危機」[7]に晒されていると主張する。ここでは特にそれらの中からＮＰＯの本質に発する原理的問題を構成する二つの「危機」を取り上げると、第一の「危機」は「有効性の危機（crisis of effectiveness）」として定式化される。すなわち、政府の施策である「社会プログラム」が、ＮＰＯをアクターとする過度な専門家主義（professionalism）の舞台になっていることが批判され、[8]また同時に課税免除特権にもかかわらず内部事情（特に財政面で）を外部に対して説明する機能（accountability）に欠けていることが批判されているのである［ibid.: 訳 61］。

第二の危機は、「正統性の危機（crisis of legitimacy）[9]」として定式化されるものであり、そこでは「純粋にボランティア・エネルギーによって、助けが必要な人々のために働く地域に根ざした団体という」一般的なイメージと課税免除特権の庇護のもと「政府補助の削減に応じて営利活動に〔も〕進出する」というＮＰＯの実態の乖離が批判の対象とされるのである［ibid.: 訳 69］。また、「正統性（legitimacy）」の語に端的に表されるように、特定のイシューをアジェンダ化し公的回路へと媒介するＮＰＯの行動様式には「権力的モメント」が内包されていることも看過されてはならない。ラディカルな環境運動に典型的に見られるように、特定イシューをネットワーク化するＮＰＯは外部社会からは独立した運動主体として独自の運動論理を追求するのであり、その点「全体社会」に対する民主的答責性はいずこにも担保されていないのである。

潜在的イシューを顕在化するＮＰＯは、ハーバーマスが断念した「生活世界＝市民社会」と「システム」の積極的媒介をなすものとして有望視された。しかし、上に見られる通り、説明責任の担保は「公共性」の概念テーゼⅢ、すなわち「公開性」を再確認させるものであり、また民主的答責性の担保は、「公共利益団体」が自称する「利益」の「公共性」を「普遍的正当化」の光のもとで確証させること、すなわちテーゼⅣを再確認させるものであると言える。

では、「公共性」に関する未検討類型の今ひとつである「親密圏」に、ハーバーマスの言うところの「媒介可能性」は託し得ないものだろうか。例えば齋藤純一は、叙上のハーバーマスの図式とは逆に、そもそも「国家機関のみが公共性を僭称するような状況」自体を問題視し、かかるシステムの運動論理に対抗するものとして「人称的、複数性（plurality）を条件とするいわゆる対面的なコミュニケーション」に力点を置くことを主張している。このような「生活世界」による「システム」への対抗・超出は、齋藤に言寄せするなら、「親密圏（intimate sphere）」が有する「批判的公共性」として描出されるものである。前出のハーバーマスの図式を流用するなら、以上のような「親密圏」からの批判の可能性は、「中心」をなすシステムからは隔たった「周縁」において喚起されるものであると言えるだろう［齋藤 1992:221］。

ところで、同じく齋藤に従うなら、如上の「周縁」は頻々「マジョリティの外部」として立ち現れるものであり、そのような「外部」は、否定の否定として実体的かつ即自的に肯定の対象とされる傾向性を持つことが指摘される。すなわち、そこではもっぱらマイノリティの側からの問題提起に「批判の可能性」は託されることとなり、マジョリティの側はそれに対して受動的に応答するより他ないのである［同書:200］。

かかるマジョリティの批判への有力な媒介可能性は、すでに管見された「新しい社会運動」に典型的に見出されるわけだが、すでに検討の対象とされたＮＰＯとは別個に、日常の中で自明とされてきた関係性を批判・検討の対象とするものとしては、どのようなものが考えられるだろうか。

このように日常生活において人々が安住する「生活形式の文法」を最も先鋭的に批判・検討の対象とするものとしては、フェミニズムからの議論の提起が注目に値すると言えるだろう。そこでは、「市民社会」を経済的領域から区別したハーバーマスの図式をさらに一歩進めて、社会・経済的領域の双方から区別されるものとしての領域が domestic なものとして明確に切り出される。「個人的なことは政治的である」というスローガンに端的に示されるように、フェミニズムにおいては、親密（domestic）領域における既存の「生活形式の文法」が、懐疑・変更の対象とされるのである［Okin 1998］。

しかし、このようなフェミニズムの主張に対しては、近年その内部から疑義が呈されていることが注記される。すなわち、それはネガティヴな権力関係としてのみ domestic な領域における「親密性（intimacy）」を捉えることへの反発である。かかる疑義はすでに述べたフェミニズムのスローガンを反転させ、「個人的なことは個人的である」として定式化され得るものである［吉澤 1997／三品（金井）1998］。

このようなフェミニズムの内部批判は、次のような点で本書における「公共性」の発現に牽連する重要な問題を浮き彫りにしていると言えるだろう。すなわち、そこでは主体・積極的な「公共性」の最も有望な開花形式たる「批判的親密圏」の構想における「過政治化」、もしくは「闘争性」の過度の強調が問題とされているのである。確かに従来のフェミニズムもプライヴァシーの重要性には一定の配慮を与えているが、(10) ここまで縷々述べられてきたような「生活形式の文法」の問題化は、その中に織り込まれつつもその批判・検討をなす主体を否応なく日常のあらゆる場面へのパルチザン戦へと引き込んでゆく。[11] 奇しくもシュミットにおいて定義付けられる「現代のパルチザン」がそうであったように、そこでは相互の殲滅へさえ至り得る休むいとまもない敵対関係が恒存することとなるのである［Schmitt 1963］。

私的な領域、すなわちdomesticな領域における関係性を外部に閉ざされた私秘性から解き放ち「政治的なもの」として再定式化したフェミニズムの主張は、ドメスティック・バイオレンスなどの剝き出しの暴力の問題化に見られるように、従来「個人的」という標識の下に隠蔽された問題を闡明にする点で極めて意義深い果実をもたらして来たと言える。しかし、右にも述べたように、あらゆる個人的なものを公的＝政治的な光によって照らし出されることは、人間にとっては耐え難いものとなるだろう。徹底的に政治化の対象とされる陰鬱極まりないものとしてではなく、肯定的な形で親密な結合を描き出すことはできないのだろうか。[12]

すでに本章冒頭付近のマトリックスでも類型化したように、「親密圏」は本来的に「特殊主義」的な論理以前の「論理」が流通する領域である。そこで触れあう程にも対面しつつ共生する主体相互は、「愛（love）」や「ケア（care）」などに表象される（画定不能という意味で）埒もない理路を逢着・離散する。また、述定記述に還元されない実存的モメントに基づくコミットメントは、時として国家によって特権化されさえするのである。[13] マルクスの言葉をなぞり捻るなら、「公共性の発現を支配すべき単純な諸テーゼを、諸個人間の交際の最高法則として擁護せよ」[14] とでも言うべきところだが、先述の「パルチザン戦」に至らぬ形での、かような実践はいかにして可能たり得るのであろうか。[15] この問いは、「公共性」が主体・積極的に展開されるに際して、《私》が自らの周囲を点綴する具体的な他者とともにいかに位置付け・把握されるべきかという問題をも提起していると言える。しかし、この点に踏み込んだ議論は、さらにいや増して詳細で長大な論攷を要すべきものであり、それは他日・他稿に期されるより他ない。

結

本書においては、すでに見たように「公共性」の必要条件を構成する四つのテーゼを析出・検討し、その「概念」的内実をいささかなりとも明らめようとすることが目指された。いま一度カントに言寄せすることが許されるなら、ここでの初期の志は「内容なき思想は空虚であり、概念なき直観は盲目である」[Kant 1781] というスローガンに尽くされるのであったと言うのも吝かではない。

しかし、第五章において改めて確認されたように、「公共性」が主体・積極的に発現され得る条件、すなわち「十分条件」は、上記のテーゼに制約された「非」肯定的な形でしか描き出されず、如上全稿にわたる「概念」闡明化の試みが、「空虚」たること「蒙昧」たることを完全に脱し得たと自恃するには至らない。また、如上の制約原理たる四テーゼ自体も禁止事項で満載されたネガティヴなものであったと大方には映るかもしれない。わざわざ言挙げして「公共性」を論じるからには、その積極・肯定的な描出されるべきであり、その点、私一個の存念がそもそも「公共性」そのものへのデタッチメントによって彩られたものであったことは完全には否定され得ない。このようなデタッチメントを「公共性」そのものへのコミットメントとして錬成することは、《私》を基点とした新たな論攷においてなされるべきものであり、本書はそのためのひとつの跳躍台として塑造されたものとして理解さるべく希われる。

終わりに

そもそも、私自身が、ショッピングモールや郊外化に関心を抱くようになったのは、本書劈頭の「断片」末尾でも触れた自らの故郷にまつわる記憶に端を発している。

幼い頃、全国でも有数の温泉郷である別府の商店街は大いに賑わい、夜の歓楽街を貫く目抜き通りには山の手から海へと向かってタクシーの車列が煌々と光の川のように流れていた。

大学院に進学して以降、帰省のたびに顕著に目につき始めたのは、閑散の度を増し、典型的なシャッター商店街と化してゆく街であり、かつてはさんざめく湯治客で賑わっていた歓楽街のひと通りも、年を追うごとにまばらになっていった。

人々が買い物や娯楽を中心市街地に求めることをやめ、二〇〇〇年に開業した郊外のショッピングモールへと流れて行ったことを、私は家族とのふとした会話で初めて知った。このことを知らなかったのは、長らく地元を離れていた私だけだったのだ。

その後、しばらくの間、これらの事柄について明確な問題意識が結ぶことはなかったが、二〇〇四年に刊行された三浦展の『ファスト風土化する日本』を読み、「あぁ、これだったのか」と腑に落ちたのだった。この本には少なからぬ毀誉褒貶がまつわるが、ショッピングモールや郊外化をめぐる問いだろう。

題状況を（極端な形ではあるが）前景化させた点で、ひとつの画期をなすものだったことに間違いはな

さらに、二〇〇五年に首都大学東京に赴任し、初めて東京西深部へと通うようになった私は、日常的に郊外化の先駆地域である多摩ニュータウンの街並みと、大学に隣接するショッピングモールを目にするようになった。

第一章でも触れた通り、多摩川の向こう岸に忽然と現れるニュータウンの風景は、私にとっては衝撃的なものであり、いつしか、この風景を主題として何か書きたいと思うようになりゆく中、自らの故郷の風景と重なったのだった。

二〇〇九年に「ショッピングモールの法哲学」と題した論攷を発表して以来、ショッピングモールや、それを取り巻く郊外化に関する言説は飛躍的に増大した。

「ショッピングモール」を主題化したひとつの画期としては、二〇一一年に刊行された『思想地図β――ショッピング／パターン』が挙げられるが、そこに収録された「ショッピングモールから考える」という座談会では「コミュニティ礼賛論」にも「疎外論的郊外批判」にも落ちることなく「郊外の社会性」を捉えなおすことが目指され、また、先に挙げた三浦の「ファスト風土」論に対しても、速水健朗からショッピングモールとGSMなどを業態的に弁別した上で事実認識を精緻化する必要性も説かれており、全体としてショッピングモールや郊外をめぐる議論の深化が目指されているのを看て取ることができる。

特に速水は、『都市の消費とディズニーの夢』の中で「ショッピングモーライゼーション」という

タームを編み出した上で、次のような興味深い議論も展開している。

すなわち、ショッピングモールほど「知識人たちに忌み嫌われている存在」もないが、現にその存在を支持しているのは圧倒的な「消費者」の側なのだから、ショッピングモールが、この社会から消えてなくなることはないのだ、と。その上で、社会学的な疎外論に立脚したショッピングモール批判に対し、速水は、次のように畳みかける。

> その論理はまるで、裸の人しかいない国で、ヌードグラビア誌の露出の多さを批判し続けている人の物の言いように思えてなりません。［速水：57］

私自身、東京隣県に住む幼い姪たちを連れて絵に描いたように典型的な郊外のショッピングモールへと足を運ぶようになると、確かに幼い子ども連れの家族にとってショッピングモールが「消費の場」として至れり尽くせりの快適なものであることに疑いを差し挟む余地はなく、また、彼女たちを前に、本書の中で展開したような郊外論を「疎外論的」に説いて聞かせるのは、速水の言う通り、滑稽というほかない物言いでさえある。なぜなら、彼女たちにとっては、この風景こそが故郷の原像なのだから。

速水は『ケータイ小説的』以来、都市の変化に大きなインパクトを与える「些細なものでありながら、量としては膨大な変化」に着目した議論を行い続けており、そのような議論の蓄積の上で、「都市の公共機能が経済効率や市場原理で変わること」として定義付けられる現在進行形のショッピングモール化の流れは、厳然たる「事実」でさえである。

しかし、市場の駆動力の実勢を正しく「認識」することは、必ずしも規範的な「当為」を導出しないし、公権力及びそれによる規制の如何に関する規範的側面からの検討が不要という結論を帰結することにもなりはしないだろう。この点、本書で志向されたのは、そのような意味での事実の認識だけにとどまらない規範的な議論、つまり「公共性」論だったわけである。

本書で展開された「公共性」論においては、繰り返し私的利害（interest）と徳（virtue）との相克関係が描出され、全体の副旋律をもなしてもいるが、これは、例えばホント・イグナティエフ編の『富と徳』にも描き出されているような、政治思想史上の「古き革袋」たる対抗図式の歴史的変奏のひとつであることを言い添えておきたい。本書冒頭末尾の引用でも記した通り、歴史は全く同じ形ではないけれども、「姿を変えたものの再来」として繰り返すのである。

私自身が、ショッピングモールや郊外化におぼろげながらも関心を持ち始めて以来、すでに十五年の歳月が経過している。この間、それらの事象を取り巻く環境は少なからず変容しつつあるが、これに対し、法哲学などの規範的議論を適用した研究事例は、アメリカでは萌芽的に登場しつつあるものの、我が国ではいまだ存在しておらず、その点、微力ではあるが、本書では、規範論的議論の地平を拓くための一里塚を築くことができたのではないかと思う。

今後、日本は不可逆的な「人口縮減」と「超高齢化」という未曾有の問題に直面することとなり、我々はこれまで経験したことのない地平に立たされることになるだろう。すでに発生している「買い物難民」や「フードデザート」、あるいは「マンション・スラム化」などの問題に加え、そう遠くない時期に「移民」という巨大な問題に対しても、正面から向き合わなければならない時がやってくるだろう。そのような中で「ショッピングモール」に表象されるような郊外やコミュニティに関する問題はますます切迫の度を強めるであろうことが予想され、本書が、これらの問題に関する端緒として読まれることを望み、筆を擱くこととしたい。

＊＊＊

最後に、私にとっては初めての単著となる本書の成立にあたり、これまでお世話になった方々に対し、お礼を申し述べておきたい。

まずもって、私自身の指導教員である東京大学大学院法学政治学研究科の井上達夫先生に対しては、学部生時代に参加したゼミ以来、今日に至るまでの二十年にわたって、温かいご配慮の下、ご指導頂いたことに心からの感謝を捧げたい。本書の執筆を完遂する上で、私を思い切らせたのは、井上先生の「己自身を限定する勇気を持たなければならない」という言葉である。他の門下生たちにも折にふれて仰っていた言葉だと記憶しているが、「あれも書けるのでは、これも書けるのでは」と、いつまでも幼児願望的な可能性に拘泥し逡巡することを戒めたこの言葉は、初めて井上先生にお会いした時の先生の年齢を越えた今、単に研究上の事柄だけに止まらない、私自身の人生にも響いている。

思い返すなら、私は大学に入学して以来、多くの親切な（そして優れた）先生がたに恵まれてきた。駒場に入学して、初めて親しく接させて頂いた研究者であった井上健先生（比較文学）には翻訳ゼミでお世話になり、まだ右も左も分からない教養課程時代から大学教員の職業人としてのあり方について今日まで記憶に残る多くのことを教えて頂いた。また、太田昭子先生（日英関係史）には本郷の法学部への進学にあたって貴重なご助言を頂いた。今日の私があるのは、この進路決定上の太田先生のご助言のお蔭である。

東京に出て来てからの私の知的世界の形成に影響を与えてくれた大学時代の友人たち。いつも酩酊しながら文学談義に付き合ってくれた小山太一（英文学）、ゾンビをはじめ映画の悦びを手ほどきしてくれた西條暢高（日本放送協会）、研究も含む人生の諸相について常に良き相談相手となってくれた石井栄司（翻訳家）にも感謝したい。ありがとう。

法哲学の同門である大屋雄裕（名古屋大学）と安藤馨（神戸大学）は、いずれも常に私の遥か先をゆく学問上の尊敬すべき友人たちであり、公私にわたる交流を通じ、多くの刺激を与え続けてくれた点、深く感謝したい。同じく同門の友として、今は泉下に眠る野崎綾子にも、懐かしくも思い出深い研究者への階段に第一歩目の足をかけた時代の友誼に感謝したい。

本書を書く上で欠かすべからざる背景となった首都大学東京への赴任以来の同僚と、かつての同僚たち。二〇〇五年の赴任以来、少なからぬ数の同僚が新天地へと旅だって行ったが、今も変わらぬ友誼を保つ多くの元同僚の中でも、特に宍戸常寿（憲法）と亀井源太郎（刑法）には、本書に収められた論文も含め、いつも私の書いたものに忙しい時間を割いて批評を下さり、私自身、それを励みに今日まで執筆を続けて来られた点、深謝したい。また、現在も多くの良き同僚に恵まれ、その点、感謝の念に堪えないのであるが、特に伊藤正次（行政学）と河野有理（日本政治思想史）の両先生方には、研究室や夜の「港」で、昼夜を問わず今日まで終わりなく続く会話を通じ、本書を執筆する上で欠かすべからざる貴重な刺激を与え続けてくれた点、感謝したい。

勤務校である首都大学東京と、今はなき東京都立大学の学生たちにも感謝したい。この大学に赴任してきたことは私の人生にとって大いなる幸いであり、ゼミ生をはじめとする多くの思い出深い学生たちとの交わりは、教育者・研究者としてのみならず、私の人生にも多くの果実をもたらし続けている。

以上の他にも、ここには書き出し切れない数の人びとに対し、私は多くを負っているが、最後に私の父、谷口英昭に本書を捧げることをお許し頂きたい。私の知的世界への扉は父の書斎の本棚から始まった。今にして思えば、私にとっては学問上の曾祖父にあたる尾高朝雄の名と「法哲学」という言葉を初めて知ったのも、父の書棚にあったある本の中だった。大学へゆくために上京し、浪人・留年までした上に、修士・博士も含めれば都合十年以上の学生生活を経済的に支えてくれたことには感謝してもしきれない。専門的職業人として、また職能団体その他を通じて地域共同体に社会的にも政治的にも深く貢献する人生を送ってきた父だったが、幼い頃からの食卓を囲む家族の会話を通して、私は社会を知り、政治を知った。何気ない父の言葉のひとつひとつが、私を根本から規定していることを、齢四十を越えていやましに思い知り、本書のみならず、私自身の存在そのものが、当たり前のことながら、この人に負っているものの重みは計り知れない。

翻訳も含めると本書で三冊目、足かけ五年以上のおつきあいになる編集者の竹園公一朗さんへのお礼の言葉をもって長い謝辞を閉じることとしたい。本書は竹園さんという素晴らしい編集者の存在に恵まれなければ、刊行され得なかった。良き編集者に恵まれることは、たまさかの得難き僥倖であることを、短からぬ研究者生活のうちに思い知る昨今である。本当に長らくお待たせしたが、竹園さんの長きにわたる忍耐とご配慮に改めて深甚な感謝を捧げたい。

二〇一四年十二月十五日

谷口功一

著者略歴
谷口功一（たにぐち・こういち）
一九七三年、大分県別府市生まれ。東京大学法学部卒業、東京大学大学院法学政治学研究科博士課程単位取得退学。現在、首都大学東京・法学系准教授。専門は法哲学。シェーン『〈起業〉という幻想』、ドレズナー『ゾンビ襲来！』（以上、共訳、白水社）他

ショッピングモールの法哲学
市場、共同体、そして徳

二〇一五年二月一五日 印刷
二〇一五年三月五日 発行

著者 © 谷口功一
発行者 及川直志
印刷所 株式会社三陽社
発行所 株式会社白水社
東京都千代田区神田小川町三の二四
電話 営業部 〇三(三二九一)七八一一
編集部 〇三(三二九一)七八二一
振替 〇〇一九〇―五―三三二二八
郵便番号 一〇一―〇〇五二
http://www.hakusuisha.co.jp
乱丁・落丁本は、送料小社負担にてお取り替えいたします。

誠製本株式会社

ISBN978-4-560-08410-6

Printed in Japan

文　献

I　郊外の正義論

秋山駿（1978）「団地という街」『現代詩手帖（特集：東京の風景）』7月号、青土社
秋山駿×原武史［対談］（2008）「団地と文学」『群像』11月号、講談社
石川健治（1997）「承認と自己拘束」『岩波講座・現代の法１』岩波書店
井上達夫（1999）『他者への自由』創文社
伊豫谷登士翁（2002）『グローバライゼーションとは何か』平凡社新書
上野千鶴子・中西正司（2003）『当事者主権』岩波新書
内村敬（2008）「イオンの撤退に揺れる地方都市・本格化する郊外SCの淘汰」『週刊ダイヤモンド』第96巻46号
大江健三郎（1967）『万延元年のフットボール』講談社
大橋洋一（2008）『都市空間制御の法理論』有斐閣
奥武則（2007）『論壇の戦後史 1945-1970』平凡社新書
恩田陸（2007）『Ｑ＆Ａ』幻冬舎文庫
角田光代（2002）『空中庭園』文春文庫
川本三郎（2003）『郊外の文学誌』新潮社
桐野夏生（1997）『ＯＵＴ』講談社
月刊アクロス編集室［編著］（1987）『「東京」の侵略』PARCO出版
小林トミ（1960）「声なき声の行進」『思想の科学（特集：市民としての抵抗）』No.19、中央公論社
島田雅彦（1995）『忘れられた帝国』毎日新聞社
社団法人・日本ショッピングセンター協会webサイト：http://www.jcsc.or.jp/
高橋和之（2006）『現代立憲主義の制度構想』有斐閣
高畠通敏（2004）『市民政治再考（岩波ブックレット No. 617）』岩波書店
高見勝利（2007）「「戦後民主主義」後の憲法学の課題」『憲法問題［18］』三省堂
谷口功一（2004）「ジェンダー／セクシュアリティの領域における「公共性」へ向けて」『思想』No. 965、岩波書店
谷口功一（2006）「立法過程における党派性と公共性」『公共性の法哲学』ナカニシヤ出版
谷口功一（2008）「議会における立法者、その人間学的基礎」『ジュリスト』No.1369
辻達也（1973）「「政談」成立の社会的背景」『荻生徂徠（日本思想体系36）』

岩波書店
鶴見俊輔「普通の市民と市民運動」『戦後日本の大衆文化史』岩波書店
富永茂樹（2005）『理性の使用――ひとはいかにして市民となるのか』みすず書房
豊田正弘（1998）「当事者幻想論――あるいはマイノリティの運動における共同幻想の論理」『現代思想』青土社、1998年2月号所収
長谷部恭男（2000）『比較不能な価値の迷路』東京大学出版会
深津健二（2007）「大型店規制と消費者の利益――「まちづくり三法」の制定と改正を契機として」『法学会雑誌（首都大学東京・東京都立大学）』第48巻第2号
福原正弘（1998）『ニュータウンは今――40年目の夢と現実』東京新聞出版局
増井良啓（2007）「税制の公平から分配の公平へ」『法の再構築1：国家と社会』東京大学出版会
水上英徳（2004）「再分配をめぐる闘争と承認をめぐる闘争」『社会学研究』第76号、東北社会学研究会
宮台真司（1999）「『忘れられた帝国』（島田雅彦著）解説」今橋映子編『リーディングス 都市と郊外――比較文化論への通路』NTT出版、2004年
宮台真司（2009）『日本の難点』幻冬舎新書
毛利透（2007）「市民的自由は憲法学の基礎概念か」『岩波講座・憲法1』岩波書店
森村進［編著］（2005）『リバタリアニズム読本』勁草書房
矢作敏行（2007）『小売国際化プロセス――理論とケースで考える』有斐閣
矢作弘（2005）『大型店とまちづくり――規制進むアメリカ、模索する日本』岩波新書
山岡淳一郎（2006）『マンション崩壊――あなたの街が廃墟になる日』日経BP
若林幹夫（2007）『郊外の社会学』ちくま新書
渡辺靖（2008）『アメリカン・コミュニティ』新潮社

Ballard, J. G., 1988, *Running Wild,* Noonday Press（山田順子訳『殺す』東京創元社、1998年）
Ballard, J. G., 1996, *Cocaine Nights,* Counterpoint（山田和子訳『コカイン・ナイト』新潮社、2001年）
Ballard, J. G., 2001, *Super-Cannes,* Picador USA（小山太一訳『スーパー・カンヌ』新潮社、2002年）
Barber, Benjamin, 1998, *A Place for Us: How to Make Society Civil and Democracy Strong,* Hill & Wang Pub（山口晃訳『〈私たち〉の場所――消費社会から市民社会をとりもどす』慶應義塾大学出版会、2007年）
Blakely, E. & Snyder, M., 1999, *Fortress America: Gated Communities in the United*

States, Brookings Lincoln
Brooks, Max, 2006, *World War Z: An Oral History of the Zombie War*, Three Rivers Press NY
Ehrenreich, Barbara, 2001, *Nickel and Dimed*, Owl Books（曽田和子訳『ニッケル・アンド・ダイムド』東洋経済新報社、2006年）
Fraser, N. & Honneth, A., 2003, *Redistribution or Recognition?*, Verso
Harper, Stephen, 2002, "Zombies, Malls and the "Consumerism Debate": George Romero's Dawn of the Dead", Americana: *the Journal of American Popular Culture* 1900-Present, 1.2, Autumn.
Ibsen,Henrik , 1882, *En Folkenfiende*（原千代海訳「人民の敵」『イプセン戯曲集』第4巻、未來社、1989年）
McKenzie, Evan, 1994, *Privatopia: Homeowner Associations and the Rise of Residential Private Government*, Yale University Press（竹井隆・梶浦恒男訳『プライベートピア』世界思想社、2003年）
Mouffe, Chantal, 1993, *The Return of the Political*, Verso（千葉眞他訳『政治的なるものの再興』、1998年、日本経済評論社）
Norman, Al, 1999, *Slam-Dunking Wal-Mart! : How You Can Stop Superstore Sprawl in Your Hometown*, Raphel Marketing（南部繁樹訳『スラムダンキング・ウォルマート：まちを守る戦略・アメリカの郊外開発事例に学ぶ』仙台経済界、2002年）
Paffenroth, Kim, 2006, *Gospel of the Living Dead: George Romero's Vision of Hell on Earth*, Baylor University Press
Sandel, Michael, 1996, *Democracy's Discontent: America in Search of a Public Philosophy*, Harvard University Press（中野剛充抄訳「公共哲学を求めて——満たされざる民主主義」『思想』904号、岩波書店、1999年）
Underhill, Paco, 2004, *Call of the Mall*, Simon & Schuster（鈴木主税訳『なぜ人はショッピングモールが大好きなのか』早川書房、2004年）

Ⅱ 「公共性」概念の哲学的基礎

阿部斉（1991）『概説現代政治の理論』東京大学出版会
伊藤明子（1999）「強制加入団体と個人の自由」『本郷法政紀要』第8号
井上達夫（1993）『共生の作法——会話としての正義』創文社
井上達夫（1994）「合意を疑う」『カオスの時代の合意学』創文社所収
猪股正広（1981）a「ミヒャエル・コールハースの正義感と孤独」『ヨーロッパ文学研究』第29号、早稲田大学文学部
猪股正広（1981）b「公民ミヒャエル・コールハースと市民ハンス・コールハーゼ」『Angelus Novus』第9号
岩渕祥子（1994）「共和主義と自由主義——アメリカ思想研究についての一考

察」『北大法学論集』第45巻第3号
上村忠男（1997）「評議会幻想」『現代思想』7月号、青土社
宇佐見誠（1993）『公共的決定としての法』木鐸社
宇野重規（1998）『デモクラシーを生きる――トクヴィルにおける政治の再発見』創文社
大山礼子（1997）『国会学入門』三省堂
大山礼子（1999）「参議院改革と政党政治」『レヴァイアサン』第25号、木鐸社
岡田憲治（2000）『権利としてのデモクラシー――甦るダール』勁草書房
川崎修（2000）『アレント』講談社
久保文明（1995）「環境保護をめぐる政治過程」五十嵐武士他編集『アメリカの社会と政治』有斐閣所収
黒崎政男（1991）『ミネルヴァのふくろうは世紀末を飛ぶ』弘文堂
駒村圭吾（1997）「公民的共和制構想と価値衝突――マイケル・サンデルを超えて」『白鷗法学』第9号
齋藤純一（1992）「批判的公共性の可能性をめぐって――親密圏のポテンシャル」『モダーンとポスト・モダーン』木鐸社所収
齋藤純一（2000）『公共性』岩波書店
佐伯啓思（1997）『「市民」とは誰か』ＰＨＰ研究所
阪上孝（1999）『近代的統治の誕生――人口・世論・家族』岩波書店
坂部恵（1997）『ヨーロッパ精神史入門――カロリング・ルネッサンスの残光』岩波書店
塩川徹也（1985）『パスカル――奇蹟と表徴』岩波書店
塩川徹也（1993）『虹と秘蹟――パスカル〈見えないもの〉の認識』岩波書店
柴田三千雄（1983）『近代世界と民衆運動』岩波書店
杉田敦（1998）『権力の系譜学――フーコー以降の政治理論に向けて』岩波書店
菅野和夫（1997）『労働法』有斐閣
田島正樹（1987）「死闘」『人間的秩序――法における個と普遍』木鐸社所収
田島正樹（1998）「フェミニズム政治のメタクリティーク」『性・暴力・ネーション――フェミニズムの主張4』勁草書房所収
田中秀夫（1999）『共和主義と啓蒙』ミネルヴァ書房
鶴見俊輔（1967）「言葉のお守り的使用法」『日常的思想の可能性』筑摩書房所収
中野剛充（1997）「共和主義における「哲学」と「政治」――Michael J. Sandel, Democracy's Discontents を読む」『相関社会科学』第7号
中野剛充・坂上緑（2000）「コミュニタリアニズム」『ポスト・リベラリズム』ナカニシヤ出版、2000年所収
西谷敏（1989）「労働法における個人・団体・国家――自己決定理念の意義を

中心として」『法哲学年報』1989 年度号、有斐閣
西部邁（1999）「公と私、集と個そして国と民」『発言者』1999 年 3 月号
沼田稲次郎（1972）「団結する権利の基礎」『団体権思想の研究』勁草書房所収
野川忍（1998）「変貌する労働者代表――新しい労働者代表制度」『岩波講座 現代の法 12：職業生活と法』岩波書店所収
野崎綾子（2000）「正義論における家族の位置――リベラル・フェミニズムの再定位に向けて」『国家学会雑誌』第 103 巻第 11, 12 号
樋口陽一（1993）『憲法』創文社
樋口陽一（1994）『近代国民国家の憲法構造』東京大学出版会
樋口陽一（1996）『一語の辞典：人権』三省堂
福沢諭吉（1903）『福翁自伝』岩波文庫
牧野英二（1996）『遠近法主義の哲学――カントの共通感覚論と理性批判の間』弘文堂
松下竜一（1989）『砦に拠る』ちくま文庫
三品（金井）淑子（1998）「新たな親密圏と女性の身体の場所」川本隆史編『新・哲学講義 6 ／共に生きる』所収
村上淳一（1983）『「権利のための闘争」を読む』岩波セミナーブックス
柳父章（1982）『翻訳語成立事情』岩波新書
吉澤夏子（1997）『女であることの希望――ラディカル・フェミニズムの向こう側』勁草書房
渡辺幹雄（1999）『リチャード・ローティ――ポストモダンの魔術師』春秋社
渡辺幹雄（2000）『ロールズ正義論の行方――その全体系の批判的考察［増補改訂版］』春秋社

Ackerman, B., 1991, *We the People 1: Foundation*, Harvard University Press
Arendt, H., 1951, *The Human Condition*, University of Chicago Press（ハンナ・アレント、志水速雄訳『人間の条件』ちくま学芸文庫、1995 年）
Arendt, H., 1963, *On Revolution*, Viking（ハンナ・アレント、志水速雄訳『革命について』ちくま学芸文庫、1995 年）
Arendt, H., 1982, *Lectures on Kant's Political Philosophy*, University of Chicago Press（ハンナ・アレント、浜田義文監訳『カント政治哲学の講義』法政大学出版局、1987 年）
Baker, K. M., 1987, “Politics and Public Opinion under the Old Regime: Some Reflections”, Censer et al., *Press and Politics in Pre-Revolutionary France*, University of California Press
Barber, B., 1984, *Strong Democracy*, University of Chicago Press
Chartier, R., 1991, *The Cultural Origins of the French Revolution*, Duke University Press（ロジェ・シャルチエ、松浦義弘訳『フランス革命の文化的起源』岩

波書店、1999年）
Dahl, R., 1971, *Polyarchy: participation and Opposition*, Yale University Press（ロバート・ダール、高畠通敏・前田修訳『ポリアーキー』三一書房、1981年）
Dahl, R., 1979, "Procedural Democracy" in *Philosophy , Politics and Society*, Fifth Series, Yale University Press
Dahl, R., 1982, *Dilemmas of Pluralist Democracy*, Yale University Press
Dahl, R., 1985, *A Preface to Economic Democracy*, University of California Press（ロバート・ダール、内山秀夫訳『経済デモクラシー序説』三嶺書房、1988年）
Descartes, R., 1633, *Le Monde*（ルネ・デカルト、神野慧一郎訳「世界論」『世界の名著22 デカルト』中央公論社、1967年所収）
Elster, J., 1998, "Deliberation and Constitution Making" in *Deliberative Democracy*, Cambridge University Press
Ferry, L., 1988, "Kant" in Furet et Ozouf ed., *Dictionnaire Critique de la Révolution Française: Historiens*（水嶋一憲訳「カント」の項、フュレ・オズーフ編、河野他訳『フランス革命事典／第7巻：歴史家』5、みすず書房、2000年所収）
Foucault, M., 1993, "Qu'est-ce que les Lumières?", *Magazine littèraire*, No. 309（ミッシェル・フーコー「啓蒙とは何か」石田英敬訳、ルプレザンタシオン第5号、筑摩書房、1993年所収）
Frazer, N.,1991, "Rethinking the Public Sphere" , in Calhoun, C.（ed.）*Habermas and the Public Sphere*, MIT Press（ナンシー・フレイザー、新田滋訳「公共圏の再考：既存の民主主義の批判のために」『ハーバーマスと公共圏』未來社、1999年所収）
Gander, E., 1999, *The Last Conceptual Revolution: A Critique of Richard Rorty's Political Philosophy*, SUNY
Geniffey, P. Robespierre, in Furet et Ozouf ed., *Dictionnaire Critique de la Révolution Française:Acteurs*（垂水洋子訳「ロベスピエール」の項、フュレ・オズーフ編、河野他訳『フランス革命事典／第3巻：人物Ⅱ』、みすず書房、2000年所収）
Giddens, A., 1992, *The Transformation of Intimacy: Sexuality, Love and Eroticism in Modern Societies*, UK Polity（アンソニー・ギデンズ、松尾精文他訳『親密性の変容――社会におけるセクシュアリティ、愛情、エロティシズム』而立書房、1995年）
Habermas, J., 1990, *Strukturwandel Öffenlichkeit der: Untersuchungen zu einer Kategorie der bürgerlichen Gesellschaft*, Suhrkamp Verlag, Frankfurt am Main（ユルゲン・ハーバーマス、細田・山田訳『公共性の構造転換』未來社、1997年）
Habermas, J., 1992, *Faktizität und Geltung: Beiträge zur Diskurstheorie des Rechts und des demokratischen Rechtsstaats*, Suhrkamp Verlag, Frankfurt am Main（英訳 *Between Facts and Norms*, 1997, Polity）

Hirschman, A., 1982, *Shifting Involvements*, Princeton University Press（アルバート・ハーシュマン、佐々木毅・杉田敦訳『失望と参画の現象学』法政大学出版局、1988 年）
Horkheimer M. & Adorno, T., 1972, *Dialectic of Enlightenment*, Continuum（アドルノ・ホルクハイマー、徳永恂訳『啓蒙の弁証法』岩波書店、1990 年）
James, W., 1902, *Pragmatism*（ウィリアム・ジェイムズ、枡田啓三郎訳『プラグマティズム』岩波文庫、1957 年）
Jhering, R., 1894, *Der Kampf um's Recht*（ゲオルグ・イェーリング、村上淳一訳『権利のための闘争』岩波文庫、1982 年）
Kant, I., 1781, *Kritik der reinen Vernunft*（イマニュエル・カント、篠田英雄訳『純粋理性批判』（上）岩波文庫、1961 年）
Kant, I., 1784, *Beantwortung der Frage: Was ist Aufklärung*（イマニュエル・カント『啓蒙とは何か』岩波文庫、1991 年）
Kant, I., 1795, *Zum ewigen Frieden*（イマニュエル・カント、宇都宮芳明訳『永遠平和のために』岩波文庫、1985 年）
Kant, I., 1798, *Der Streit der Fakultäten in drei Abschnitten*（イマニュエル・カント、小倉志祥訳「学部の争い」『カント全集』第 13 巻、理想社、1988 年所収）
Kasmir, S., 1996, *The Myth of Mondragon: Cooperatives, Politics, and Working-Class Life in a Basque Town*, State University of New York Press（シャリン・カスミア、三輪昌男訳『モンドラゴンの神話』家の光協会、2000 年）
Kleist, H., 1810, *Michael Kohlhaas*（ハインリッヒ・クライスト、佐藤恵三訳「ミヒャエル・コールハース」『クライスト全集』第 1 巻、沖積舎）
Kymlicka, W., 1995, *Multicultural Citizenship*, Clarendon Press
Kymlicka, W., 1999, "Liberal Complacencies" in［Okin 1999］
Locke, J., 1823, *An Essay concerning Human Understanding*（ジョン・ロック、大槻晴彦訳『人間知性論』第 2 巻〈全 4 巻〉、岩波文庫、1972 ～ 1977 年）
Mansbridge, J., 1998, "Feminism and Deliberative Democracy" in *Feminism & Politics*, Oxford University Press
Marx, K., 1870, *The Civil War in France*（カール・マルクス、木下半治訳『フランスの内乱』岩波文庫、1995 年）
MacIntyre, A., 1981, *After Virtue*, University of Notre Dame Press（アラスデア・マッキンタイア『美徳なき時代』みすず書房、1984 年）
Melucci, A., 1989, *Nomads of the Present: Social Movements and Individual Needs in Contemporary Society*（アルベルト・メルッチ、山之内靖他訳『現代に生きる遊牧民――新しい公共空間の創出に向けて』岩波書店、1997 年）
Mill, J. S., 1859, *On Liberty*（ミル、塩尻公明・木村健康訳『自由論』岩波文庫、1971 年）
Mouffe, C., 1993, *The Return of the Political*, Verso（シャンタル・ムフ、千葉眞

他訳『政治的なるものの再興』日本経済評論社、1998年）
Mounce, H. O., 1997, *The Two Pragmatisms: From Peirce to Rorty*, Routledge
Okin, S., 1998, "Gender, the Public, and the Private", in Phillips, A. ed., *Feminism*, Oxford University Press
Okin, S., 1999, *Is Multiculturalism Bad for Women?*, Princeton University Press
Olson, M., 1965, *The Logic of Collective Action: public goods and the theory of groups*, Cambridge, Mass. : Harvard University Press（マンカー・オルソン、依田博・森脇俊雅訳『集合行為論』、ミネルヴァ書房、1983年）
Ozouf, M., 1992, "Esprit public" Furet et Ozouf, *Dictionnaire Critique de la Révolution Française: Idées*（阪上孝訳「公共精神」の項、フュレ・オズーフ編、河野他訳『フランス革命事典／第5巻：思想Ⅰ』5、みすず書房、2000年所収）
Quine, W. V. O., 1961, "Two Dogmas of Empiricism" in *From a Logical Point of View*, Harper & Row
Rawls, J., 1993, *Political Liberalism*, Columbia University Press
Rawls, J., 1999, *The Law of the Peoples: With "The Idea of Public Reason Revisited"*, Harvard University Press
Rorty, R., 1980, *Philosophy and the Mirror of Nature*, Princeton University Press（リチャード・ローティ、野家啓一他訳『哲学と自然の鏡』産業図書、1993年）
Rorty, R., 1982, *Consequences of Pragmatism*, University of Minnesota Press（リチャード・ローティ、室井尚他訳『哲学の脱構築』御茶の水書房、1985年）
Rorty, R., 1991, "The Priority of Democracy to Philosophy", in *Objectivity, Relativity, and Truth: Philosophical Papers Vol. 1*, Cambridge University Press（リチャード・ローティ、冨田恭彦訳「哲学に対する民主主義の優先」『連帯と自由の哲学——二元論の幻想を超えて』岩波書店、1999年所収）
Rorty, R., 1983, "Postmodernist Bourgeois Liberalism", in Louis, M., ed., *Pragmatism: A Reader*, Vintage, 1997
Rorty, R., 1989, *Contingency, irony, and solidarity*, Cambridge University Press
Rorty, R., 1994, *Objectivity, Relativism, and Truth: Philosophical Papers Volume 1*, Cambridge University Press
Rousseau, J., 1762, *Contrat Social*（ジャン・ジャック・ルソー、桑原武夫他訳『社会契約論』岩波文庫）
Russell, B., 1946, *History of Western Philosophy*, George Allen and Unwin Ltd（バートランド・ラッセル、市井三郎訳『西洋哲学史2中世哲学』みすず書房、1991年）
Salamon, L. M., 1997, *Holding the Center: America's Nonprofit Sector at a Crossroads*, Nathan Cummings Foundation（レスター・サラモン、山内直人訳、『ＮＰＯ最前線——岐路に立つアメリカ市民社会』、岩波書店、1999年）

Sandel, M. J., 1982, *Liberalism and the Limits of Justice*, Cambridge University Press（マイケル・サンデル、菊池理夫訳『自由主義と正義の限界』三嶺書房、1992 年）
Schmitt, C., 1923, *Die geistesgeschichitliche Lage des heutigen Parlamentarisumus*, Dunker & Humbolt, Berlin（カール・シュミット、稲葉素之訳『現代議会主義の精神史的地位』みすず書房、2000 年）
Schmitt, C., 1932, *Der Begriff des Politischen*, Dunker & Humbolt, München（カール・シュミット、田中浩他訳『政治的なものの概念』未來社、1970 年）
Schmitt, C., 1963, *Theorie des Partisanen: Zwischenbemerkung zum Begriff des Politischen*, Dunker & Humbolt, Berlin（カール・シュミット、新田邦夫訳『パルチザンの理論――政治的なものの概念についての中間所見』ちくま学芸文庫、1995 年）
Sheffler, I., 1974, *Four Pragmatism*, Routledge & Kegan Blackwell
Sieyès, E., 1789, *Qu'est-ce que le Tiers Etat?*（シェイエス、大岩誠訳『第三階級とは何か』岩波文庫、1967 年）
Taylor, C., 1985, "Atomism", *Philosophical Papers 2: Philosophy and the Human Sciences*, Cambridge University Press（チャールズ・テイラー、田中智彦訳「アトミズム」現代思想第 22 巻第 5 号、青土社、1994 年所収）
Taylor, C., 1995, "Cross-Purposes: The Liberal-Communitarian Debate", *Philosophical Arguments*, Harvard University Press
Tocqueville, *A, 1835, De la Democratie en Amérique*（Democracy in America, New York: Vintage Books, 1945）
Walzer, M., 1999, "Ich will Politik nicht durch Philosophie ersetzen", in *Deutche Zeitschrift für Philosophie*, Bd. 47, Heft 1（「政治の場での哲学の居座りを望まない・上」『みすず』1999 年 9 月号所収）
Weber, M., 1922, *Soziologische Grundbegriffe*（マックス・ウェーバー、清水幾太郎『社会学の根本概念』岩波文庫、1972 年）

索引（人名）

な行

は行

ま行

や行

ら行

わ行

索引（事項）

た行

な行

は行

ま行

や行

ら行

わ行

註

序章

(1)「大部分引用句から成る作品を書くこと……想像しうる限りの気ちがいじみた寄木細工の」Arendt, Hannah, 1968, *Men in Dark Times*, Brace & World, Inc., New York. 阿部斉訳『暗い時代の人々』河出書房新社、1986年、196頁。

(2) Friedrich Hölderlin, 1798, *Lebenslauf.* 川村二郎訳『ヘルダーリン詩集』岩波書店、2002年。

(3) 執筆に際して、改めて探索した結果、宮澤喜一『新・護憲宣言』朝日新聞社、1995年、139頁に部分的に該当する箇所を見出した。宮澤自身による同様のエピソードの開陳は、その他の文献の中でも見られるが、筆者において鮮明に記憶されている「ハイマート」への明示的言及が存在する文献は、今回は発見できなかった点、伏して記す。

(4) 誤解を招かぬよう付記しておくが、竹下登は、戦後日本において、掛け値なしに最も傑出した宰相の一人であろう。例えば、以下を参照。福本邦雄『表舞台 裏舞台』講談社、2007年。

(5) 参議院・土地問題等に関する特別委員会第2号（昭和62年12月4日）。なお、引用文中の強調は筆者による。

(6) 安倍晋三『美しい国へ』文春新書、2006年。

(7)「帰郷／つながりのある人たちに宛てて」からの引用は、創文社刊のハイデガー全集第4巻、『ヘルダーリンの詩作の解明』（濱田恂子訳、1997年）に拠った。また、ハイデガーの解釈については、以下の文献から少なからぬ教示を受けた。市倉宏祐『ハイデガーとサルトルと詩人たち』ＮＨＫブックス、1997年。

(8)『ハイデガー［思想読本3］』（作品社、2001年）所収の木田元との対談において、徳永恂は次のように言っている。「真のナチスとは、ハイデガーから見れば、レーム一派とか、エスタブリッシュのブルジョア・リベラリズムとは妥協しない、永久革命の方に見られる可能性で、しかも彼はそこに単なる政治的なものではない非常に大きな意味での精神革命の可能性を賭けていた。そこにはハイデガーのことだから恐ろしく壮大な背景があって、彼の念頭にあるのは歴史的に言えば、ギリシャからドイツへと直結する線です。……地理的に言えば、駄目なのはアメリカとロシアだ。そうすると世界史的なギリシャの精神を受け継いで、近代の汚染した全体を覆す可能性を持っているのはナチスだと、たぶん最後まで思っていたと思う」［強

調は筆者による］。

（9）「全体における存在者の中に開けた場所が現成する。それが明るみLichtungなのである」［上掲注（7）市倉、43頁］。

（10）すなわち、以下の書名。Barber, Benjamin, 1998, *A Place for Us: How to Make Society Civil and Democracy Strong*, Hill & Wang Pub. 山口晃訳『〈私たち〉の場所——消費社会から市民社会をとりもどす』慶應義塾大学出版会、2007年。

（11）Walt Whitman, 1860, *Song of Myself*. 飯野友幸訳『おれにはアメリカの歌声が聴こえる——草の葉（抄）』光文社、2007年。

（12）Lewis, Harry Sinclair, 1920, *Main Street*. 斎藤忠利訳『本町通り』上・中・下、岩波文庫、1970年。

（13）この『本町通り』は、そもそも執筆当初は、田舎町の退嬰的な空気を病原菌に見立てた『村落病ヴィールス（*The Village Virus*）』というタイトルを付される予定でさえあった。

（14）室生犀星『抒情小曲集』、1918年。

（15）石川啄木『一握の砂』、1910年。

（16）中野重治「東京帝国大学生」『中野重治詩集』、1931年。

（17）神島二郎『近代日本の精神構造』岩波書店、1961年、第1部「一．正統性の問題」。

（18）蒲島郁夫『戦後政治の軌跡』岩波書店、2004年。

（19）川端康成『雪国』、1948年。

（20）田中角栄『日本列島改造論』日刊工業新聞社、1972年、216頁。

（21）上記、「ゆめタウン別府」の経営母体。

（22）西日本新聞朝刊（2008年12月29日付）。別府支局塩塚未［筆］。

（23）平石直昭『荻生徂徠年譜考』平凡社、1984年、159頁。

（24）辻達也［校注］「政談」『荻生徂徠（日本思想大系36）』岩波書店、1973年、263頁。

（25）四方田犬彦『オデュッセウスの帰還』自由国民社、1996年、26頁。

I

第1章

（1）この文化的系譜上に位置付けられる、近年の傑作としては、Max Brooksによる *World War Z* が特筆に値するものとして挙げられる。この小説は、突如として発生した世界的なゾンビ・パンデミックの事態を「世界大戦Z」と名付け、大戦終結後10年を経た時点での著者＝国連戦後調査官による、世界各地で生き残った人々へのインタビューから構成されている。この「戦後世界」において、国々は著しく相貌を変え、「神聖ロシア帝国」や「中華

連邦」等も登場するに至る（日本は壊滅し、生き残った人々は、朝鮮半島及びカムチャッカ半島へと脱出）。現今の様々な国際情勢とも絡めた形でＳＦ的想像力を全面的に開花させた物語世界の構築は、秀逸を極めている。なお、本作は、ブラッド・ピットの映画製作会社プランBが映画化権を勝ち取り、2013年に「ワールド・ウォー・Z」というタイトルで劇場公開された。

(2) OEDの「Zombie」の項目。当該項目中に示された最近の用例としては、以下を参照。「子どもでも知っているように、ゾンビというのは一度殺された人間が、ボコール（bocor）というブードゥー教の邪悪な司祭によって甦らされたものである」［1984 *Times* 26 Jan. 12/6］。

(3) このそれぞれの日本公開（ビデオ発売）時のタイトルは、第一作に関しては、英語からの音引きのままであったが、第二作*Dawn*は「ゾンビ」、第三作に至っては、当時流行していたサム・ライミ監督作品「死霊のはらわた（*The Evil Dead*：1983）」からの安直な連想によって「死霊のえじき」というタイトルを付けられるに至っている。かかる「死霊の〜」というネーミングがいかに猖獗を極めたかは、A・C・スティーヴン監督*Orgy of the Dead*（1965）の日本国内公開時のタイトル「死霊の盆踊り」にその極北を看取することができる。

(4) 町山智浩によるロメロ本人へのインタビュー。すなわち、同氏のサイト中、2005年6月18日のエントリーを参照（http://d.hatena.ne.jp/TomoMachi/20050618）。

(5) 長らく三部作として完結したと思われていた、このトリロジーをめぐっては、2005年に*Day*以来20年間の沈黙を破って、霹靂の如く*Land of the Dead*という続編が、そしてさらに2008年にも*Diary of the Dead*が登場したのではあるが、特に*Land*については、ゲイティッド＝コミュニティやセキュリティの問題と関連するモチーフを内包するものであることが指摘され得る。なお、以上のロメロ作品に関する行き届いた作品批評としては、文献一覧［Paffenroth］を参照。

(6) TOBは、2007年10月22日から12月4日の期間に実施され、西友の発行済み株式の保有割合を95.1%（議決権ベースで97.77%）まで高めた。なお、西友株は2008年4月19日に東京証券取引所で上場廃止された。

(7) この点については、本文直後に登場するアル・ノーマンによって書かれたウォルマート出店反対のための運動テキストとも言い得る*Slam-Dunking Wal-Mart!*に、その詳細が描かれている。また、アメリカの状況と我が国のそれを比較した、簡にして要を得たものとしては、矢作弘の著書を参照。

(8) 付記しておくなら、バーバラ・エーレンライクによる元祖ワーキングプア・ルポルタージュとでも称し得る『ニッケル・アンド・ダイムド（*Nickel and Dimed*）』には、実際の従業員としての観点からウォルマートの姿も描かれ

ている。第3章「ミネソタ州でスーパーの店員として働く」は、ウォルマートでの就業体験を描いたものであるが、そこでの労働は徹底的に人間としての尊厳を剝奪されるものであり、最後に著者が忍従の限界を超えて「明日辞めよう！」と心決めした日、休憩室でテレビに映るストライキの映像に喚起され、同僚との間にかりそめの連帯を確認する場面は、あまりにも切ない。ちなみに、この本のタイトルである *Nickel and Dimed* のニッケルは5セント、ダイムは10セントの硬貨を意味し、『低賃金で働かされて』を意味する書名となっているのである。

(9)「赤駒を山野に放《はが》し捕りかにて多摩の横山徒歩《かし》ゆか遣らむ」(万葉集20巻4417)。

(10) かかる分類は、文献一覧中の月刊アクロス編集室編著を参照。本書においては、第1から第4山の手に至るまでの「東京」の郊外への「侵略」の様が非常に興味深い形で指し示されている。なお、これによるなら、多摩地域は、「第4山の手」に分類されることとなる。

(11) この作品に関しては、文庫化に際して宮台真司による「解説」が付されており、それによるなら、「団地的郊外」の歴史は、「(狭義の) 団地化」と「ニュータウン化」の二段階に分節される。これに従うなら、島田作品の中に描き出された「郊外」は、前者の「団地化」に該当する時代のものであり、それが後続の「ニュータウン化」と決定的に区別されるメルクマールとして、宮台は後者においては郊外が「閉じた均質空間」となった点を挙げている。すなわち、島田作品世界に描かれたような郊外においては「小学校に行けば、団地の子だけじゃなく、百姓の子、地元商店の子、医者の子がいて、旧住民と新住民が入り交じったマダラ模様を形成していた」[宮台 :423] のである。

(12) さらにあるいは、「調布」から想起されたのは、村上龍の小説『昭和歌謡大全集』(集英社、1994年) において、「おたく」の一団と「おばさん」達が壮絶な殺し合いを繰り広げた挙げ句に、気化燃料爆弾で消滅させられる町というイメージであって、そこで私の脳裏には、ゆくりなくも三波春夫の「チャンチキおけさ」が鳴り響くのであった。

(13) 改称後、2014年現在においては「三井アウトレットパーク多摩南大沢」と呼称されているが、当該アウトレットの公式サイト中、「施設について」の項目に記された「コンセプト」には、依然として「南仏プロヴァンスの"とある丘"に住んでいた四人の家族の物語」というコンセプトストーリーは、一応明記されている。とはいうものの、ある南大沢居住者のブログ (下記URL) にも見られるように、かかる名称変更は、三井不動産側の一方的な決定によって行われたものであり、住民の側からすれば、次のような感想が出て来るのもまた、ごく自然なことであるように思われ、私もまた (かりそめの半住人=通勤者ではあるものの) その感慨を共有する。——「正直、

南欧の雰囲気をコンセプトとしたアウトレットショップが、いきなり何の変哲もない企業名を押し出した三井アウトレットパークに変更されるのは、地元住民として違和感を感じました。ベルコリーヌ南大沢団地に代表される南大沢の街の雰囲気とラフェットのモール内の雰囲気がマッチしたから名称的にも地元では愛されていたのだと思います。これが企業名中心の名称変更となると、企業のブランディング戦略としての意義として理解できますが、地元住民から見れば、街の一角が一企業に占有された印象を持ってしまいます。今回のラフェット多摩の名称変更は個人的には残念な“変化”でした」(http://bellecolline.blog8.fc2.com/)。

(14) 父レオナルド、母マリー・ルイーズ、娘アントワネット、そして息子パスカルの4人。ちなみに、母の名は“Marie-Lise”と誤記されているが、この種の綴り間違いは「偽史」フランス語表記中に散見される。あまつさえ「偽史」を昼のひなかから公然と往来に掲げられた上での、かかる誤植の羅列。

(15) 1993年に放映されたTBS系列のテレビドラマ「誰にも言えない」(前年に放送され「マザコン男・冬彦さん」で社会現象にもなった「ずっとあなたが好きだった」の事実上の続編)で、登場人物の松永夫妻(賀来千香子・羽場裕一)と山田夫妻(佐野史郎・山咲千里)が住むマンションとしても使用された。このドラマの中で描かれた佐野史郎演じる主人公の一人の病理的行動パターンは、その時点ではいまだ社会的に認知されていなかった病理的行為類型「ストーカー」を先取りしたものでもあった。当時「ストーカー」という言葉から自然に連想されたのは、1979年に封切られたタルコフスキーの映画のタイトルでしか有り得なかったことが懐かしく想起される。それはさておくとしても、このマンションがドラマの舞台となった90年代前半には、今はなき多摩センターの「多摩そごう」を舞台とした宮沢りえ主演のドラマ「東京エレベーターガール」(1992)もTBS系列で放映されており、この時代、郊外=ニュータウンがある種の輝きを放っていたのである。

(16) 読売新聞紙上に、2007年2月15日から5回にわたって連載された特集記事「40歳のニュータウン——開発の陰で」を参照。

(17)「ジャンカ」に関する括弧内の説明は、筆者が補った。なお、このようなコンクリートの打設不良は、「豆板」・「す」・「あばた」とも呼ばれる。

(18) 本書における『政談』からの引用はすべて、『荻生徂徠(日本思想大系36)』岩波書店、所収の辻達也校注版を典拠とする。

(19) 東京新聞2008年9月6日夕刊一面を参照。この戸山団地、及び多摩ニュータウン最初期に造営された永山団地などの事例をも含む問題提起としては大山眞人『団地が死んでいく』(平凡社新書、2008年)の中に極めて具体的な記述を見出すことができる。

(20) この点、正確を期すなら、ロールズ自身は、特に晩年において自らの提

唱する「財産所有制民主主義（property-owing democracy)」と「福祉国家資本主義（welfare-state capitalism)」とを峻別し、後者に見られる福祉国家構想を厳しく批判していたことが注記されるが、本書においては、ロールズ流のリベラリズムが、特に批判者の側からは“そのようなもの”として捉えられている点に注意されたい。以上の点に関しては､塩野谷祐一「ロールズの正義論と福祉国家」『福祉の公共哲学』（東京大学出版会、2004年）所収、を参照。

(21) 文献一覧アンダーヒル著の特に第5章「モールは誰のものか、誰のためのものか」を参照。

(22) このような動きは、お隣の韓国においても観察される。すなわち、筆者は2008年11月17日、大韓民国ソウル特別市の明知大学行政学部において“Mall in Suburbs”というタイトルの下、英語講演を行ったが、その際の質疑応答、及び当該学部の林承彬教授よりの補足説明によるなら、韓国においては、国内資本のE-Martがウォルマートを駆逐したものの、郊外における大規模ショッピングモールがコミュニティに対してある種の破壊的影響を与えていることが批判されており､現在､韓国国内においては､モールにおける各種のコミュニティ活動を推進する施策が採られつつある、とのことである。

(23) Pruneyard Shopping Center v. Robins, 447 U.S. 74 (1980).

(24) 必ずしも「郊外」そのものをモチーフとしたものではないが、モールを主題として正面から扱ったものとしては、恩田陸『Q & A』が、特筆に値する作品として挙げられる。

(25) 独歩における明治34（1901）年の「武蔵野」とは、実は現在の「渋谷」であるのだが。このことは､『武蔵野』作中の以下のような興味深い記述からも窺い知れる｡「僕の武蔵野の範囲の中には東京がある。しかし之は無論省かなくてはならぬ、なぜならば我々は農商務省の官衙が巍峨として聳て居たり、鉄管事件の裁判が有ったりする八百八街によって昔の面影を想像することができない。……斯様なわけで東京は必ず武蔵野から抹殺せねばならぬ。／しかし其市の尽くる処、即ち町外れは必ず抹殺してはならぬ。僕が考には武蔵野の詩趣を描くには必ず此町外れを一の題目とせねばならぬと思う。例えば君が住まわれた渋谷の道玄坂の近傍……」。

(26) 徳冨健次郎（蘆花）は、現在の芦花公園（恒春園）の茅屋において、1907年の段階ですでに「東京が大分攻め寄せて来た」と記している。

(27) ここで言う｢理想郷｣としての｢郊外｣に関する文学史的研究として､特に､文献一覧中の川本三郎著作を参照。

(28) この作品は、小泉今日子主演で映画化（2005年）されたが、映画の方は家族の再生をも仄めかしている点で、原作にはないポジティブな視点も提供している。さらに原作者の角田は、この映画に影響される形で、リト

ルモア刊の映画パンフレット（2005年）に「夜道の家族」という続編を掲載していることが注記される。

(29) ブックオフ！

(30) 文献一覧、秋山駿×原武史の対談中に詳しい。

(31) これら三作品に関する行き届いた紹介としては、若林幹夫『未来都市は今』（廣済堂出版、2003年）の最終章「蒸発する都市と社会」を参照。

(32) 既出 *Democracy's Discontent* の全編を参照。

(33) 物価の高騰という点のみは今日の状況と異なっているが。

(34) ここでの「武張ったもの」と「商業社会」との間の対比と同様のモチーフを歴史的に外観した上で、規範的検討をも行ったものとしては、文献一覧中の［谷口 2008］を参照。

第２章

(1) 第61国会衆議院地方行政委員会6号（昭和44年02月27日）

(2) 鶴見俊輔による次のような評価。すなわち、「新聞の世論調査で見るかぎり、一九六〇年五月〜六月の安保条約強行採決への抗議、一九六五年〜一九七三年の日本政府による米国政府のベトナム戦争政策への協力に対する抗議については、市民運動と市民の意見とは重なるところが多かったのですが、全体として見ると六〇年代から八〇年代にかけて、年を追うにつれて、普通の市民は、市民運動と理想をともにしながら、その理想への無関心を深めました」［鶴見 :214］。

(3) このような「民主主義」に対する“過大なエコー”の発生源の一例として、憲法学者・高見勝利によって挙げられた以下のような事実に関する極めて興味深い指摘。すなわち、「……ポツダム宣言のものと、総司令部が行った「民主化」政策は、……polity から lifestyle、さらには各人の心構えに至るまで、すべての分野にわたって「民主主義」を浸透させようとした……。憲法学も、これに呼応ないし悪のりし、たとえば宮沢俊義は、酒席で人に酒をすすめるのは民主的でないと「酒ののみ方」まで指南しているのである」［高見 2007：62］」。

(4) 以下の議論は、しばらくの間、強く石川のそれに沿ったものとなるため、語句・フレーズの引用に関しては、煩雑さを避けるため、そのすべてを明示することはしない。

(5) この点に関して、最近の最も有益なものとして［富永 2005］を参照。また、言うまでもなく樋口陽一による一連の著作も参照されたい。

(6) 特に Michael Sandel における議論を参照。また、「責任」に関しては Mary Ann Glendon の所謂「権利語法（Rights Talk）」論を参照のこと。

(7) ここでの「善意」「無文法」等の詳細については、［谷口 2006］を参照。簡単に言うなら、「悪人」は、きちんと計算し、確固とした文法に則って行

為するのに対して、善人はそのような計算自体をしないが故の“型無し”の行為をなす、ということ。計算の内実は、筆者においてはもちろん「功利主義」であるが、翻って言うなら、功利主義がこれまで不当裡に博して来た「悪名」からも、計算することが「悪人」の所業と一般に思い為されていることは、自明であるように思われる。

(8) 以下におけるフレイザー／ホネット論争については、文献一覧に掲げた［水上英徳 2004］において的確な整理がなされているので、そちらを参照のこと。

(9) 例えば、「FtM ゲイ」や「性分化・発達障害（DSD）」という言葉を聞いて、それらが意味するところを、たちどころに理解する読者は一体幾人存在するだろうか。

(10) これらに関しては紙幅の関係から、本章では極度に圧縮した記述となっているが、文献及び議論系の全体を含む詳細については、［谷口 2004］に全面的に譲る。

(11) “マイノリティの人民戦線”とでも言うべき、かかる「連帯」を耳にする時、歴史上、「人民戦線内閣」の如きの多くが辿った末路に思いを致さざるを得ないのは豈に筆者だけであろうか。

(12) 豊田は、この点に関して「同性間介護」という事象をめぐって極めて興味深い議論を展開しているので、是非、豊田自身の議論を参照されたい。

(13) これらの領野においては、narrative や story-telling という形で展開さえるものの外に、所謂「精神分析」の手法に則った形での言説分析も盛んであり、それらを一括して「物語」と名指している点に留意されたい。

(14) ここで取り上げた『人間の条件』第5章のエピグラフは、『暗い時代の人々』においても繰り返し登場するものであり、それらの出典は、アレント自身によって作家イサク・ディーネセンが名指されているが、一度でもこの点について自分で調べてみたことのある者には明らかなように、ディーネセンの作品中、このような言葉は存在しない。この点、この美しい言葉そのものがアレントによる「ひとつの物語」なのである。蛇足ではあるが、以上の諸点に関連する詳細なサーベイとしては、特に以下の文献を参照されたい。── Wilkinson, Lynn R., 2004, “Hannah Arendt on Isak Dinesen: Between Storytelling and Theory”, *Comparative Literature*, 2004 Winter.

(15) 本章で予定されている議論枠組よりも遙かに巨大な問題機制に接する論点であるため、ここではさらに積極的な形で「承認」に対する「再分配」の視座の優越性に関しては論じないが、国会の予算委員会における「基本的質疑」が重点的にテレビで中継され、そこでこそ与野党間の激しい応酬が可視化されているのは何故か、じっくりと考えてみれば良い。統治の「歳時記」（宍戸常寿）において、時間が重要なファクターであることはすでに言を俟たないが、財貨を含む狭義の資源の再分配（租税／財政）こそが、回路における承認の本質なのであり、そこにこそ「統治の奥の院」は存在するのであろうと、

さし当たっては目印だけを指し示しておくことにしたい。あるいは、これもまた端緒のみに触れるに留まるが、「当事者主権」で触れた上野の議論においては、「「最大多数の最大幸福」を基準とするような「公共性」の理念を組み替えるべき」であることが主張されている。これに対しては、分配的正義に関わる文脈から、資源（resource）と厚生（welfare）のそれぞれに注目した平等論的（egalitarian）アプローチよりも、特に「障害（disability）」にまつわる形では、功利主義こそが理論的優越を示すという、Stein の議論の存在なども（その当否はさておくとして）参照される。Stein, Mark, 2006, *Distributive Justice and Disability*, Yale University Press.

(16) 前掲註 (15) においても示された論点と関わる問題ではあるのだが、最も基本的な観点として［増井 2007］を前提としつつ、さらに考察されるべき事柄である点のみ示すに留めおく。

(17) 文献一覧中、渡辺・McKenzie・Blakely & Snyder などを参照。

(18) この点に関しては、もはや枚挙に暇がないのではあるが、文献一覧の［山岡 2006］などを参照。最も端的には、『ナニワ金融道』でさえが牧歌的な時代の物語であったことを痛切に理解せしめる以下の圧倒的なリアリティに圧倒されること。真鍋昌平『闇金ウシジマ君（1 〜 31 巻、続刊中）』小学館。

(19) イプセンは、戯曲「人民の敵」を“喜劇”としても書いた旨、版元のヘーゲルへの書簡（1882 年 6 月 21 日付）において記している。

第３章

(1) 本章におけるスローターの議論は、Anne-Marie Slaughter, 1997, The Real World Order, *Foreign Affairs*, Vol. 76, No. 5 に基づいたものとなっている。なお、この論文での議論を拡充し、さらに包括的な議論を展開したものとしては、単著 Anne-Marie Slaughter, 2004, *A New World Order*, Princeton University Press を参照されたい。

(2) 以下におけるサッセンの議論に関しては、Saskia Sassen, 1996, *Losing Control? : Sovereignty in an Age of Globalization*, Columbia University Press（伊豫谷登士翁訳『グローバリゼーションの時代――国家主権のゆくえ』平凡社、1999 年）を参照されたい。

(3) Wal-Mart の地域コミュニティへのインパクトに関する最近の実証的な研究として、例えば次のようなものが参照される。Elena G. Irwin & Jill Clark, 2006, “Wall Street vs. Main Street: What are the Benefits and Costs of Wal-Mart to Local Communities?”, *CHOICES: The Magazine of Food, Farm and Resource Issues*, American Agricultural Economics Association.

(4) 以上のような形での「スプロール化」に関しては、昨今、その“終焉”も説かれ始めている。ジョージア工科大学建築学部のエレン・ダンハム＝ジョーンズによるなら、リーマン・ショック以降の不況のインパクトの大

きさから、今後、小売業にも大きな変化が起こり、使われない売り場が急増する。その結果として、使われない売り場を活用することでこそ「持続可能な再開発」のチャンスがやって来るのではないかと言うのである。そこでは、これまでの郊外開発の手法であった（我が国にも見られる）ニュータウン型開発ではなく、都市部の「複合用途（mixed-use）」環境を志向するニューアーバニズム的開発手法が導入されることが見込まれている。以上に関しては、北米を中心とした極めて多彩な開発実例が盛り込まれた Ellen Dunham-Jones & June Williamson, 2008, *Retrofitting Suburbia: Urban Design Solutions for Redesigning Suburbs*, Wiley を参照されたい。

(5) 本節での百貨店法・大店法・まちづくり三法へと至る経緯に関する極めて簡にして要を得た概略としては、文献一覧に掲げられた深津論文を参照。なお、大店法規制に関連しては、同僚の深津健二先生（消費者法）に諸々のご教示を賜った点、謝して記しておく。

(6) 日本ショッピングセンター協会サイト（http://www.jcsc.or.jp/）内の「我が国ＳＣの現況」を参照。

(7) 本節の記述は、基本的に以下の論文に沿ったものとなっている。寺尾美子（1997）「都市基盤整備にみるわが国近代法の限界――土地の公共性認識主体としての公衆（ザ・パブリック）の不在」『岩波講座現代の法９：都市と法』岩波書店。

(8) 寺尾自身が論文の中で引いている事例［寺尾 :127］として、1998 年の総理府の調査によるなら、「土地所有者の権利が公共のために制限を受けても良いと思う者」の割合は、日本人が 38.7％であるのに対して、アメリカ人 68.2％、イギリス人 67.9％、西ドイツ 59.2％、また台湾と比べても日本の比率は半分に留まり、日本における割合の極端な低さが目を引く。このデータからは、「日本人が公共投資による開発利益を公に還元するべきであると考える傾向」の弱さを読み取ることができるだろう。

第４章

(1) 本章においては、ロールズ正義論そのものについての詳細な説明、及び彼自身の主張が、その後、1993 年に刊行された『政治的リベラリズム（*Political Liberalism*）』などにおいて、「哲学からの撤退」傾向を示すなど、理論上の紆余曲折があったことも含め、委細に関しては割愛する。――なお、行論中、一般読者への配慮の下、煩雑さを避けることとし、特にロールズ以降のいわゆる「正義論」に関連する諸文献についての詳細な書誌情報、及びその内容に関しては、ウィル・キムリッカ著『新版現代政治理論』日本経済評論社、2005 年刊を参照されたい。

(2) 厳密には、ロールズ自身は自らの理論によって直示的に「福祉国家」の理論的下支えを行うとは言っておらず、むしろ『公正としての正義・再説』(岩

波書店、2004年刊）に見られるように、「財産所有制民主主義」を全面的に擁護してゆくこととなる。つまり、彼の理論の「受容者」たちはともかくとして、ロールズは自身の正義論がいかなる体制にもコミットしないものであることを鮮明にしていると見ることができるのである。本章ではあえて経緯を単純化している点、留意されたい。

(3) この映画の舞台設定は、封切りから23年後の近未来としての「2010年」である。ちなみに、「ロボコップ」が、リバタリアン的な「市場志向」への皮肉であるとするなら、同じく彼の作品である「スターシップ・トゥルーパーズ（Starship Troopers）」は、コミュニタリアン的な「共同体志向」、もしくはその政治的帰結としての「共和主義」に対する壮大な悪意に満ちた作品であり、作中では兵役に就かなければ市民権が獲得できないことが、皮肉たっぷりに謳い上げられている。

(4) P・W・シンガー著、山崎淳訳『戦争請負会社』NHK出版、2004年刊。

(5) その歴史観に同意するか否かはともかくとして、浩瀚なJ・G・A・ポーコック著、田中秀夫他訳『マキャヴェリアン・モーメント』名古屋大学出版会、2008年刊などを参照。また、ポーコックも含んだ形で、この点に関する簡にして要を得たものとしては、以下の文献を参照。アラン・ルノー「共和主義と政治的近代」三浦信孝編『自由論の討議空間』勁草書房、2010年刊、所収。

(6) 古代ローマは自らの政治共同体を指す名称として“Senatus Populusque Romanus”（元老院とローマの人民）という言葉を好んで使ったことが想起される。この名称は、現在でもローマ市のマンホールの蓋などに「ＳＰＱＲ」という略称で観察される。

(7) サッチャーが、大学時代に通常リバタリアンの有力な論者の一人として数えられるハイエクに傾倒していたのは良く知られた事実だろう。

(8) 減税と規制緩和を目指したが、福祉予算を削減した分の歳出転換をＳＤＩ（スターウォーズ計画）に代表される軍事支出に振り向けたため、結果的には財政赤字に陥った。

(9) 日本専売公社（現在のＪＴ）、日本国有鉄道（ＪＲ）および日本電信電話公社（ＮＴＴ）の三公社を民営化させた。

(10) その主張に賛同するか否かはさて措くとして、簡便なものとしては、以下の文献。内橋克人とグループ二〇〇一『規制緩和という悪夢』文春文庫、2002年。

(11) もちろん、小泉政権に対するラベリングは「ネオリベ（neo-liberal）的」というのが通例ではあるのだが。

(12) 井上達夫「個人権と共同性――「悩める経済大国」の倫理的再編」『現代の貧困』岩波書店、2001年刊所収。ただし、初出は本文中の通り。

(13) 川人博「会社本位的自殺」佐高信編『会社の民俗』小学館、1996年刊、

所収。

(14) 奥村宏の「法人資本主義批判」などを想い出すなら、あまりの今昔の違いに慄然とさえする。参考、奥村宏『会社本位主義は崩れるか』岩波新書、1992年刊。

(15) ただし、この点については統計的に慎重な精査が必要であり、近年の雇用構造（特に若年層の）に変化について、世間で喧伝されている主張を、実証的データをもとに再検討したものとして以下のようなものも存在することが注記される。海老原嗣生『「若者はかわいそう」論のウソ——データで暴く「雇用不安」の正体』扶桑社新書、2010年刊。

(16) ブレアは首相就任前の1996年の労働党大会で、来る自政権下での3つの最優先課題として、「一に教育、二に教育、そして三にも教育（education, education, and education）」と述べている。典拠：*BBC News*,14 May 2007; Retrieved 8 March 2010. また、ブレア政権下での教育政策に関する簡便な紹介としては、山口二郎『ブレア時代のイギリス』岩波新書、2005年刊、47頁以下を参照。

(17) ジョセフ・ラズを引きながら展開される宮台の「卓越主義的リベラリズム（perfectionist liberalism）」に関しては、そもそものラズに関する理解自体をめぐっても議論の余地のあるところであり、また、そのような立場を単純に「リベラリズム」の枠内に包摂することに関しても議論すべきところではあるが、本章ではこの点についての議論は割愛する。

(18) 若松良樹「リベラリズムと徳」『徳倫理学の現代的意義』慶應通信、1994年刊、所収。

(19) Iseult Honohan, 2002, *Civic Republicanism*, Routledge, pp.160-162 .

(20) これらの論点については、以下を参照。谷口功一「議会における立法者、その人間学的基礎」『ジュリスト』No.1369、有斐閣、2008年刊。

(21) Daniel A. Bell, 2000, *East Meets West: Human Rights and Democracy in East Asia*, Princeton University Press. 邦訳は、風行社より2006年刊。なお、著者のベルについて、よく訊ねられる質問なのではあるが、『資本主義の文化的矛盾』の著者とは別人（遠縁ではあるらしい）である。この点については、右著作の「謝辞」にその旨、記されている。

(22) 田中角栄は、戦後の保守政治家の多くが密かに抱いていた「中国コンプレックス」から自由であり、そうであるからこそ東洋古典に通暁した安岡を「敬して遠ざけた」点について、下記、塩田著の226頁以降を参照。また、この安岡に関する論点は、儒学・朱子学というよりは、陽明学に関わる問題ではあるのだが、さしあたって以下の2つの文献を参照されたい。まず、安岡の人物に関わる評伝的事象に関しては、塩田潮『昭和の教祖、安岡正篤』文春文庫、1994年刊を。また、安岡を含む近代日本における右翼思想全体を極めて強力な統一的パースペクティブから描き出したものとして、片

山杜秀『近代日本の右翼思想』講談社選書メチエ、2007年刊を。

(23) 長尾龍一「煩悩としての正義——美術の秋、つれづれなるままに」『理想』1987年冬号、理想社。——この長尾の極めて適切な挑発に対する応答として、以下はいまだ構想段階に留まる星雲状のものであることをあらかじめ断っておくが、本章で述べたような東アジア政治思想、あるいは日本政治思想史と現代政治哲学との連携の応用的事例のひとつとして、次のような議論の展開も可能であるように思われるのである。——すなわち、『論語』中、為政篇第二に「子曰、道之以政、斉之以刑、民免而無恥。道之以徳、斉之以禮、有恥且格」という下りがあり、これは徂徠の『論語徴』に従うなら、「子曰く、これを道《みち》びくに政を以《もち》ひ、これを斉《ととの》ふるに刑を以ふれば、民《たみ》免《まぬが》れて恥づること無し。之を道びくに徳を以ひ、之を斉ふるに禮を以ふれば、恥づること有りて且つ格《いた》る」と訓読されるものであるが、ここでいうところの「刑政」と「礼(楽)」の区分は、事後規制としての「刑政」と行動経済学的な意味での「アーキテクチャー」としての「礼楽」の別と読み替えることも可能であり、また、「民」を「道びく」主体としての「君子」は、以上のような文脈からするなら、「アーキテクト(アーキテクチャーの設計・製作者)」と読み替えることも可能である。このような意味での「礼楽」による教化とその「運用者」という問題設定は、日本政治思想史上、荻生徂徠における「仕カケ」の議論へと通じるものであり、また、徂徠学は西周を介して「君子の哲学としての功利主義」へと径庭を拓くものと見ることも可能かもしれない。以上が「現代の政治哲学」の観点からする遡及回顧的・恣意的な読み込みでないことの論証は、別途、思想史的に丹念な作業を要するものである。——なお、以上に関しては、行動経済学の観点からする「アーキテクチャー論」として、次の文献を参照。R・セイラー+C・サンスティーン著/遠藤真美訳『実践行動経済学——健康、富、幸福への聡明な選択』日経BP社、2009年。また、徂徠学及びその功利主義との連絡に関しては、雑誌『大航海』No. 67、新書館、2008年刊の特集「日本思想史の核心」に掲載された以下の二論文を参照されたい。高山大毅「高揚と不遇——徂徠学の核心」、及び菅原光「儒学と西洋思想の受容——荻生徂徠と西周」。

II

序

(1) 後段の批判・反発の対象としての「国家的公共性」と対比する意味で「強意」の語を付した。また、主体・能動的に「論じる」ものであるよりは、むしろ客体・受動的に「観じる」対象としての「公共性」という意味で、後続する時期における公共性「論」と区別し公共性「観」とする。

(2) ハーバーマスにおける「市民社会（Zivilgesellschaft）」「自律的公共圏（autome Öffentlichkeiten）」などを参照のこと［cf. Habermas］。
(3) 我が国における、かかる議論の具体的な例としては以下を参照。［佐伯／西部］
(4) このような議論の数少ない例としては特に以下を参照。［齋藤］及び［宇佐見］
(5) 以下においてカントの「啓蒙とは何か」を引用する際には、煩雑さを避けるため原典及び訳の頁のすべては示さず、適宜明示することとする。

第１章

(1) アメリカにおける共和主義的パラダイムの歴史的展開については、［岩渕］を参照。またその現代的展開として［Sandel］。また、それを概観したものとして［駒村／中野］などを参照。
(2) アレントの所謂「自然的必要」については［川崎 1998：288、302］を参照のこと。
(3) この論点は、井上達夫による修士論文指導に負う。

第２章

(1) この論争に関する簡便かつ剴切なまとめとしては以下のものを参照。［中野・坂口 2000］
(2)「真空論」については、以下を参照。［横山 1998：728］
(3) フランスのリセで、イスラム教徒の女生徒がチャドル（ヴェール）を被って授業に出席したのが、「政教分離という共和主義理念に反する」ことが問題とされた事件。1989 年秋に起こったこの事件は、文相によってコンセイユ・デタに諮問され、結果的にチャドルの着用は否認された。同様に「政教分離」が問題とされたドイツにおける「十字架像判決」（1995 年 5 月 16 日）については、特に［服部 1999］を参照。
(4) ラッセルによる簡便な記述として以下も参照。［Russell 1946：訳 371］
(5) パスカルの「キリスト教護教論」及び「奇蹟」の出来に関しては、以下を参照。［塩川 1985 ／ 1993］
(6) 例えば、［Gutmann 1998］など。
(7) 1729 年のアラルド法とは別個に 1771 年のル・シャプリエ法は、労働者の団結とストライキを禁止した。これらは 1884 年にヴァルデック＝ルソー法が成立するまでの間、労働組合の合法化を阻んだ。
(8) まず、［樋口 1994：64］を参照。また、［柴田 198：209,321］によると、「商人・手工業者による同業組合（Corps et communauté d'arts et mestiers）」を略して「コルポラシオン（corporation）」と呼称し、それは「自由な主体としての個人が自らの意志で結合する」ものとしての「アソシアシオン

（association）」と対比される。
(9) ダールにおける corporation の問題について詳細な検討を行ったものとして以下を特に参照。［岡田 2000］
(10) 1979 年の論文 "Procedural Democracy"［Dahl 1979］で示された民主的過程の 5 条件のうちのひとつ。
(11)「モンドラゴン組合」の実態を精査し、その「神話」を批判的に検討したものとして、以下を参照。［Kasmir 1996］
(12) この論点については、［上村 1997］などを参照。
(13) このような議論を距離を取りつつ概観したものとして、［菅野 1997：246］を参照。
(14) 国家介入のモメントは、かような「中間団体」のみならず、一次的結合たる「家族」の領野においても問題を提起する。かかる議論の重要なものとして、［野崎 2001：106］などを参照。

第３章

(1) Deliberative Democracy の訳語には、「審議的民主政」「協議的民主主義」など様々な訳語があてられており、現在のところ定訳は存在しないように思われる。本書では、これまでの議論中、deliberation を通じた discussion や argument などの表現が頻出することに鑑み、発話行為としての「討議」や「議論」を包含する、より抽象度の高い概念として捉え、「熟慮」と訳すことにした。
(2)「同質性」のモメントを強調することが「排除」を帰結することについては、［Mouffe 1993：訳 139, 170, 285］などを参照。また、同じくＣ・ムフにおける「構成的外部 constitutive outside」の概念も参照。

第４章

(1)「ミヒャエル・コールハース」における「公民／市民」及び、「正義感 Rechtsgefühl」について、特に以下を参照のこと。［猪股 1981a 及び b］
(2) この点に関しては、［村上 1983］を参照。
(3) シュミットとイェーリングの「決断主義」における通底性は［村上 1983：214］を参照。
(4) 以下のルソーとコンドルセを対比する図式に関しては、特に［阪上 1999］の第二章を参照。
(5)［Gueniffey 1992］などを参照。
(6) ポストモダニズムの一部にもこのような「哲学の終焉論」の傾向は先鋭に看て取ることができる。
(7) 以下におけるパースの「経験主義（empiricism）」及び「合理主義（rationalism）」に関する考え方は、次の文献を参照。［Scheffler 1974］

(8) C. S. Peirce, 1878, *How to Make Our Ideas Clear*, in Collected Papers of Charles Sanders Peirce Vol. 5, Paragraph 388-410.
(9) それぞれ男性誌『プレイボーイ』と『ハスラー』のオ－ナー。
(10) プラグマティズム思潮の通史を概観したものとして以下を参照。［Mounce 1997］

第５章

(1) 若干の敷衍を施すと、まず「間主観的関係」で「個人本位」を二分する「非結社的／結社的」の区分は、後者＝「結社的」に重点を置きつつ反照されるものとして前者を規定したものであることが注記される。また、「多文化主義」を「全体共同体」という「外枠」を前提するものとして規定することに対しては、従来「外枠」として機能してきた「国民国家」的な括りを越え出る観点がＩ・Ｍ・ヤングなどに見られるが、ここではその点が単純化されていることが注記される。
(2) ここでの「市民社会（Zivilgesellschaft）」は、ヘーゲルの所謂「欲望の体系」としての「市民社会（bürgerliche Gesellschaft）」と明確に区別されるものであり、その点後述のように「非市場的」なものとして規定される。
(3) Alain Tourainne の『ポスト社会主義』（平田清明・清水耕一郎訳、新泉社、1982 年）を参照。
(4)「配分問題」と「生活形式の文法」との対比はハーバーマスにおいて明示的に見られる。すなわち、「新たな抗争は、配分問題ではなく、生活形式の文法の問いをめぐって燃え上がる」（Habermas 1981：訳、下巻 412）また、この「生活形式の文法」とは後期ヴィトゲンシュタインの道具だてに拠るものである。［Mouffe 1993：訳 148］の「訳注１」などに簡便な記述。
(5)「新しい社会運動」の考察を行った簡便な邦語文献としては、『思想』（岩波書店刊、1985 年 11 月号）の特集「新しい社会運動」などを参照。
(6) アメリカにおける展開の簡便な概説としては、［久保 1995］を参照。
(7) サラモンの言うところの「４つの危機」の残余２つは、①政府の補助金カットや政府とのパートナーシップの断絶などに見られる「財政の危機（financial crisis）」、②従来ＮＰＯが得意としてきた分野への営利企業の参入に起因する「市場競争の危機（market crisis）」としてまとめられる。
(8) このような professionalism への批判は、例えばソーシャル・ワーカーに見られるような「専門職業化」が、「コミュニティという社会的な織物を裁断してしまい、また市民がひとたび育ったところに顧客の種をまいている」といったような形でなされる。［Salamon 1997：訳 64］
(9) 邦訳においては「信頼性の危機（crisis of legitimacy）」と訳出されているが、後述するように「公共利益団体」たるＮＰＯもまた独自の権力的モメントを内包するものであり、このようなモメントをいかにして「正当化」する

かという視点も容れた場合、「信頼性」ではなく「正統性」と訳すべきであるよう思われる。[Salamon 1997：訳 68]

(10) 例えば、オーキンは privacy の意義として、①親密性のために不可欠であること、②公的役割の緊張を緩和するための避難所であること、③心理的な自己発達の空間であることなどを挙げている。[Okin 1997]

(11) フェミニズムの運動論理を「パルチザン」的なものとして規定したものとしては、[田島 1998] を参照。

(12) 例えば、「家族」に注目し極めて凱切・詳細な議論を展開したものとして特に以下を参照すること。[野崎 2000]

(13) 例えば、刑法 105 条に見られる「親族による犯人蔵匿」の違法性阻却規定。

(14) 第一インターナショナル創立宣言に見られる以下の文言の転形。すなわち、「個々の私人間の関係を支配すべき道義及び公正の単純な諸法則を、諸国民間の交際の最高法則として擁護せよ」。

(15) 例えば、A・ギデンズはミクロな権力を告発するフーコー的図式に抗し、親密圏を積極的なあり方で描き出そうとしている [Giddens 1992]。この中でギデンズは「親密圏」における関係性を「民主化」することを主張しているが、かかる関係性にも「民主制」がメタファーとして以上の含意を持ち得るかということに関しては一定の留保が必要。この点に関する敷衍は、本文に示された通り他日・他稿に期す。